Der innere Moralapostel

Kim Barkmann

Der innere Moralapostel

Bibliografische Information der Deutschen Nationalbibliothek:
Die Deutsche Nationalbibliothek verzeichnet diese Publikation in
der Deutschen Nationalbibliografie; detaillierte bibliografische
Daten sind im Internet über <u>dnb.dnb.de</u> abrufbar.

Textsatz: Jana Petersen
Umschlaggestaltung: Jana Petersen
Bild auf Umschlag: Kim Barkmann
Lektorat: Kai Riedemann

Herstellung und Verlag:
BoD – Books on Demand, Norderstedt
ISBN 9783746037035

Danksagung

Niemand schafft es allein, ich sicher auch nicht. In diesem Sinne hatte ich für dieses Buch und die Ideen darin großartige Helfer, bei denen ich mich hier gern bedanken will.

Mein besonderer Dank gilt dabei meinem alten Studienfreund Kai Riedemann, der diese Texte korrigiert hat. Als ich den Text Absatz für Absatz durchging und mir Punkt für Punkt anschaute, was Kai verbessert und verändert hatte, war ich absolut beeindruckt von seiner Fähigkeit, selbst die winzigsten Irrtümer aufzuspüren und zu erkennen. Das sage ich hier ganz gewiss nicht in einem sarkastischen Sinne. Im Gegenteil. Ich sehe diese Qualität als eine wesentliche Gabe an. Außerdem freut es mich, wie ernst Kai meine Worte nimmt. Ich bin so froh, dass es ihn gibt.

Mein weiterer Dank geht natürlich an die gute Jana Petersen, die es wie immer auf sich genommen hat, dieses Buch zu bearbeiten und es bei BoD online einzustellen.

Na und dann bedanke ich mich natürlich bei meinen guten Freunden Undine, Odyl, Wolf, Dragut, Amadeus und Freya, ohne deren Forschergeist wir dieses Thema nie erarbeitet hätten.

Außerdem bedanke ich mich bei dir dafür, dass du dieses Buch interessant genug fandest, um es zu lesen. Ich hoffe, es hat dir viele spannende Lesetage gebracht.

Inhalt

Vorwort

Dein Herz will anders handeln als dein innerer Moralapostel. Aber du weißt ja, wem du folgen solltest.
Aus "Keine Liebe ohne Hoffnung"

Irgendwann wachte ich morgens auf und hatte bereits die Eingebung zu einer kleinen Challenge im Kopf wie ein Geschenk der Nacht. Die Idee war einfach schon da. Beim Frühstückskaffee notierte ich sie mir und alles, was mir dazu einfiel, und wie von Geisterhand entworfen, waren die ersten 14 Übungen für eine als 20-tägig geplante Challenge in Nullkommanichts auf dem Papier.

Leider hatte ich an jenem Morgen nicht mehr Zeit, sonst hätte ich vermutlich auch noch die restlichen Übungen aus dem Hut (oder aus meiner Schlafmütze?) ziehen können. Falls jetzt jemand droht ein wenig neidisch zu werden, muss ich doch in aller Deutlichkeit zugeben, dass ich normalerweise auch nicht mit fertigen Ideen für meine Coaching-Arbeit aufwache. Ich bin mir nicht sicher, ob das überhaupt schon einmal vorher passiert ist. Aber diesmal war es so und das gefiel mir außerordentlich gut.

Ich schickte gleich eine Sammel-Whatsapp an etwa zwanzig meiner Klienten und Freunde und lud sie ein, an dieser Challenge teilzunehmen. Das Wort Challenge bedeutet übrigens Herausforderung. Damit ist gemeint, dass man sich zwanzig Tage lang täglich einer kleinen Herausforderung stellt, die über Whatsapp kommt. Die meisten antworteten noch innerhalb der nächsten zehn Minuten, wollten sofort mitmachen und waren sehr neugierig. Wir begannen die Challenge gleich am nächsten Tag. Wenn sich ein Chancenfenster geöffnet hat, dann sollte man sofort hindurch springen und nicht abwarten, sonst schließt sich das Fenster wieder und die Chance ist vertan.

Der Plan sah vor, dass ich jeden Abend die jeweilige Challenge-Aufgabe für den kommenden Tag über Whatsapp an alle Teilnehmer versende. Leider passierte mir gleich am nächsten Tag erst mal eine Panne. Ich bin nämlich Mitglied in einem Percussion-Ensemble, den Takadimis, und wir hatten an jenem Abend Probe. Die Probe zog sich hin, ich war erst um halb zehn wieder zuhause und vergaß, die Aufgabe für den kommenden Tag zu senden. Als mir das am anderen Morgen auffiel, fühlte ich mich zutiefst ernüchtert. Es kam mir so vor, als wäre plötzlich die Energiewelle weg, auf der wir gesurft hatten. Hatte ich die Challenge schon kaputt gemacht?

Wie es sich heraus stellte, war dem aber nicht so. Eilig versandte ich die Aufgabe des Tages und konnte an den später eintrudelnden Reaktionen der anderen erkennen, dass sie doch alle fleißig mitgemacht hatten. Puh! Offenbar war gar nichts verloren und auch gar nichts kaputt. Die nächtliche Inspiration zog sich nicht nur weiter, sie mündete auch zunächst in einem kompletten neuen Seminar und anschließend auch noch in diesem Buch. (Also, da kann man nicht meckern! Und das alles aus einer einzigen Nacht!)

Während jener Challenge-Übungen und insbesondere nachdem die ersten 14 Übungen, die ich im Schnellflug aufgeschrieben hatte, bereits absolviert waren und ich Tag für Tag mit neuen Übungen anschließen musste, entdeckten wir einen fast noch jungfräulich unberührten Arbeitsbereich. Wir stießen auf den inneren Moralapostel. Diese Arbeit weitete sich aus, nahm regelrecht Ausmaße an, wurde zum Thema des neuen Seminars und lieferte das Material für dieses Buch.

Wie man an dem Namen, den ich ihm gegeben habe – Moralapostel – schon unschwer erkennen kann, spreche ich dabei nicht von unserem Gewissen oder einer anderen prinzipiell positiven Kraft, die uns zu guten Menschen macht. Eher ist es so, dass der innere Moralapostel uns daran hindert, wirklich gute Menschen zu werden. Und ich bin mir sicher, den haben wir alle in uns, zumindest hier in unserem Land. Mit den Kulturen in anderen Ländern dieser Erde kenne ich mich nicht genügend aus, um das auch in so großer Deutlichkeit behaupten zu können. Was uns hier jedoch betrifft, bin ich mir ganz sicher.

Ich würde mich sehr freuen, wenn dieses Buch ein wenig dazu beiträgt, dass du dich von deinem inneren Moralapostel befreien oder emanzipieren kannst. Das gibt dir die Freiheit, mehr du selbst zu sein und mehr von all jenen Qualitäten zu entwickeln, die in dir angelegt sind. Die aber, deine wahren Qualitäten, werden gebraucht. Du wirst gebraucht. Nicht die Karikatur eines guten Menschen, in den der innere Moralapostel uns mitunter verwandelt, denn der ist nicht nur schwach, sonder oft auch unbewusst böse. Gutmenschen haben in dieser Welt schon eine Menge Schaden angerichtet.

Gutmenschen sind für mich jene Menschen, die kopfgesteuert, stur, oft pedantisch nach irgendwelchen moralischen Konzepten handeln und niemals nach ihrem Herzen. Dabei sagen uns doch alle weisen Menschen in allen Büchern und allen Filmen immer wieder: Folge deinem Herzen! Das aber erlaubt der innere Moralapostel uns nicht. Das ist viel zu lebendig und unangepasst. Besser du hältst dich an bewährte Konzepte.

So ganz nebenbei haben wir schon zuvor, bei unserem letzten Treffen, ein neues Wort erfunden: Moralaposteling. Abgeleitet ist es von dem ebenfalls neuen Wort ,gaslighting' in der Psychologie. Gaslighting entstammt einem alten Film mit Ingrid Bergman. Dort versucht ein Ehemann seine Frau in den Irrsinn zu treiben, indem er Dinge bewegt und umplaziert oder gemeinsame Erlebnisse völlig anders erzählt, als die Frau sie erlebt, um ihre Selbstzweifel zu stimulieren. Dabei verändert sich jedes Mal die

Intensität des Gaslichtes. Der Film heißt im Original auch ‚Gaslight'.

Da es dieses Phänomen auch im wirklichen Leben gibt, fand die Psychologie das Verb gaslighting dafür. Der Ehemann gaslightet die Frau, oder die Frau wurde gegaslightet. Eine deutsche Übersetzung konnte ich im Internet nicht finden. Offenbar ist das Wort noch nicht übersetzt. Wir entwickelten unser Wort auf ähnliche Weise. Moralaposteling ist also, wenn jemand einen anderen in bestimmter Weise zu beeinflussen und zu manipulieren versucht, indem er moralische Vorstellungen als Argumente missbraucht und indem er bewusst Selbstzweifel und Ängste der Person im Bereich moralischen Handelns stimuliert.

Noch einmal anders ausgedrückt: Jemand moralapostelt dich, wenn er dich dazu bringt, eine Handlung zu unterlassen oder eine bestimmte moralische Handlung zu begehen, indem er dir das Gefühl vermittelt, andernfalls seiest du ein schlechter Mensch, den niemand mögen wird. Ich weiß, dass diese Methode in so manchen religiösen Gemeinschaften gang und gäbe ist. Da wird alles moralisiert und mit Angst und Schuld vermischt. Leider kann man auf diese Weise auch Menschen dazu bringen, wirklich üble Dinge zu tun und diese Handlungen für moralisch zu halten.

Vielleicht erinnerst du dich an jene schlimme Geschichte, als vor einiger Zeit mehrere Kinder aus einer Sekte und damit auch aus ihren Familien gerettet wurden. Dort in der religiösen Gemeinschaft wurde systematisches Kinderverprügeln mit Stöcken in eigens dafür vorgesehenen Bestrafungszellen praktiziert. Die Eltern wurden dazu angehalten, selbst noch den letzten Rest eigenen Willens aus ihren Kindern herausprügeln zu lassen. Wie konnte man die Eltern dazu bringen, da mitzuspielen? Durch bewusstes, massives und intensives Moralaposteling.

Aber lass uns lieber von etwas weniger Schrecklichem reden.
Vielleicht hast du eben, als ich schrieb, dass deine Qualitäten gebraucht werden, gedacht, du hast ja gar keine, du bist so unwichtig, du wirst bestimmt nicht gebraucht. Weißt du, wer dir das einflüstert? Rate mal!

Richtig! Es ist der innere Moralapostel. Für ihn ist es nämlich etwas Schlechtes, wenn Menschen es wagen, gut von sich selbst zu denken und womöglich gar auf ihre Qualitäten stolz zu sein. Dabei geht es doch nur um die Anerkennung deiner inneren Wahrheit. Du musst nicht unbedingt etwas „Großes" leisten, die Welt retten, Bundeskanzlerin werden oder Mutter Theresa nachfolgen, um wichtig zu sein.

Ein wahrer und wahrhaftiger Mensch verändert sein Umfeld nur allein durch seine Ausstrahlung, durch das Feld, das sich um ihn herum aufbaut. Stelle dir nur einmal vor, du könntest ungebrochen, ohne leise Schuldgefühle und ohne Selbstzweifel in den Spiegel sprechen:

> *„Ich weiß, wer ich bin. Ich kenne meine Qualitäten und Fähigkeiten und ich liebe mich, so wie ich bin. Ob ihr mich mögt oder auch nicht, ich bin, die ich bin und das ist gut".*

Wer das kann, ohne heimliche Zweifel, also wer das sagen, denken und sich selber glauben kann, der ist stark und es breitet sich ein starkes und schönes Feld um ihn herum aus. Wie sich stattdessen das Feld von jemandem ausnimmt, der voller Selbstzweifel, Selbstverurteilung und Ängste ist, kannst du dir bestimmt vorstellen. Ich stelle es mir so vor wie ein Energiefeld, das permanent flackert, immer wieder zusammenbricht und komplett auszugehen droht.

Wie fühlen sich andere Menschen, wenn sie durch persönlichen Kontakt mit diesem Menschen in so ein schwächliches Feld hinein geraten? Ich denke, sie spüren es. Aber sie können vielleicht nicht immer erkennen, was genau sie da spüren, nur dass es sich nicht gut anfühlt, nicht bestärkend, gesund und fröhlich.

Ich hatte in meinem Leben auch mehrfach die Gelegenheit zu sehen, was mit Menschen passiert, die unversehens das Feld eines starken, seelisch stabilen und selbstbewussten Menschen betreten.

Die Menschen überwinden auf einmal Ängste und wagen Dinge, die sie so gern tun möchten, sich aber zuvor nicht getraut haben. Sie sprechen, wo sie früher immer nur geschwiegen haben, sie umarmen andere Menschen, für die sie Bewunderung oder Zuneigung empfinden und sie drücken ihre Begeisterung und Bewunderung auch in Worten aus. Solche wahrhaftigen Menschen sind wie kleine Wunder. Sie bewegen sich durch die Welt und lösen überall winzigkleine Mutreaktionen aus. Und wenn so ein Mensch irgendwo sesshaft wird und seine Energie sich an einem festen Ort ausbreitet, dann verwandelt sich dieser ganz langsam in einen viel besseren, fröhlicheren oder liebevolleren Ort.

Der eine starke, innerlich gerade Mensch wird zum Zentrum von etwas Schönem. Vielleicht werden das nur die allerwenigsten auch erkennen, aber die allermeisten werden es spüren. Und solche Persönlichkeiten sind wichtig für diese Welt. Jeder von uns kann so eine Persönlichkeit werden. Wir müssen dazu allerdings ein paar Barrieren in unserem eigenen Innern überwinden und ein paar ehrliche Einsichten tätigen. Dazu möchte ich mit diesem Buch beitragen.

Kapitel 1
Ich bereite das Seminar vor

> Es kostet unnötig Kraft,
> schneller zu rudern als
> der Fluss fließt, der dich
> tragen könnte.
> "13 Gesetze der
> Weisheit - Leitfaden für
> Schamanen und
> Therapeuten"

Diesmal fällt es mir wieder richtig schwer, das Seminar vorzubereiten. Zum xten Male wünsche ich mir, nicht immer mit solchen Tätigkeiten allein zu sein. Es ist nicht so, dass ich das etwa allein nicht könnte. Das kann ich schon, aber dann ist es einfach nur Arbeit, geistige Knochenarbeit sozusagen. Die meisten meiner Seminare sind auf diese Weise entstanden und es sind trotzdem tolle Konzepte geworden. Aber wenn ich hier nicht alleine säße, sondern mit einem Kollegen oder auch mit einer kleinen Gruppe von Kollegen, dann wäre diese Konzeptionsarbeit stattdessen ein richtig großes Vergnügen.

Ich weiß das, weil es früher mit Freya immer so war. Wir beide haben es immer so sehr genossen, gemeinsam in diese kreative Arbeit einzusteigen. Im blühenden Garten in der Sonne sitzend, Kaffee trinkend, die Füße hochgelegt, lachend, denkend, fühlend, einander die Ideenbälle zuwerfend, immer mehr in die Begeisterung rutschend haben wir Seminarkonzepte erstellt, die alle fasziniert haben – alle drei bis zehn Teilnehmer. Hätten wir mehr Teilnehmer gehabt, wären die auch begeistert gewesen. Da bin ich mir sicher, doch das haben wir nun einmal nicht erreicht.

So kam es, dass Freya irgendwann ihrer Wege ziehen musste, schließlich wollen Kinder gefüttert und Rechnungen bezahlt werden. Seitdem bin ich wieder mit meinen Ideen allein. So auch an diesem

Tag. Ich sitze zunächst im Wohnzimmer, das trotz der fortgeschrittenen Jahreszeit heute Morgen sonnendurchflutet ist. Meine Katze Selina sitzt auf dem Stuhl neben mir und tippt mir immer wieder sanft mit der Pfote an die Schulter. Jedes Mal drehe ich mich zu ihr um, nehme ihr süßes Köpfchen in beide Hände, spreche mit ihr, sage ihr, wie sehr ich sie liebe und drücke ihr einen dicken Kuss auf die Stirn, was sie schnurrend quittiert.

Ab und zu, wenn ich unaufmerksam dabei bin, nutzt sie die Gelegenheit, wenn unsere beiden Gesichter sich einander nähern und schlappt mir mit ihrer rauen Zunge rasch über die Nasenspitze. Ich weiß, sie will mich halt auch küssen. Jedes Mal muss ich darüber lachen und wische mir mit dem Ärmel die Nasenspitze ab. Selina schaut mir dabei zu und scheint nicht beleidigt zu sein. Eher glaube ich, dass sie es für einen gelungenen Witz hält, wenn es ihr wieder einmal gelungen ist, mir über die Nase zu schlappen.

Bei Hunden sieht man das deutlicher. Die ziehen dann die Lefzen hoch und lassen ihr Gebiss sehen, wenn sie einen Witz gemacht haben. Ich glaube, Affen machen das auch. Katzen verziehen keine Miene. Sie sind die ernsthaftesten Witzbolde der Welt. Selina scheint irgendwann zufrieden zu sein, macht sich lang auf dem Stuhl und gewährt mir wieder einige Zeit mit meiner Arbeit. Ich zapple hin und her, drehe mich rechts herum und wieder links herum, lasse mich ein wenig durch einen Blick aus dem Fenster ablenken.

Auf dem Block, der vor mir auf dem Tisch liegt, stehen nur ein paar Stichworte. Zum Beispiel das Wort Verantwortung. Wie gehe ich vor? Wo setze ich an?

Ich schnappe mir mein Handy und frage den allwissenden Google, was die etymologische Herkunft des Wortes ist. Verantwortung kommt – so erfahre ich – vom mittelhochdeutschen Verantwürting und bedeutet, dass sich jemand vor Gericht verantworten muss. Jemand muss Rede und Antwort stehen. Dadurch wird mir einiges klar.

Dieses Wort, Verantwortung, hatte von Anfang an einen miesen Start. Kein Wunder, dass die meisten Leute es nicht gerade lieben. An anderer Stelle las ich den Satz: „Verantwortung ist rational begründete Moral, die den der Aufklärung folgenden Zerfall der traditionellen Werte kompensiert".

Ich poste dies in meiner Whatsapp-Gruppe und warte auf Reaktionen. Erstmal kommt nichts. Eine Weile seufze ich so vor mich hin und zappele weiter herum, dann werfe ich das Handtuch. So wird das nichts.

Ich packe meinen Block und mein Handy ein, ziehe mir Jacke und Mantel über, stülpe mir meine Mütze auf die Frisur und verlasse die Wohnung. Auf der Treppe komme ich kaum durch. Der Bahnhof Salzwedel, in dem ich wohne, wird von seinem Besitzer gerade von Grund auf renoviert. Ein Handwerker steht auf der Treppe und entfernt die uralten Tapeten. Die ganze Treppe liegt voll davon. Freundlich schiebt er mir eine kleine Bahn frei, damit ich hindurch gehen kann. Wie sich herausstellt, kann ich auch nicht durch das zukünftige Café gehen; hier wird gerade gefliest. Na gut, gehe ich eben außen herum. Ich verlasse den Bahnhof durch meine Haustür, gehe um das Gebäude herum und schließe mir die Hintertür auf, um in die Bahnhofshalle zu gelangen. Hier steht – mitten in der Baustelle, seit gestern schon wieder komplett mit Baustaub bedeckt – mein Elektrodreirad.

Ich brauche eine Weile, bis ich mich zurechtgefunden und das Dreirad zumindest einigermaßen vom Staub befreit habe. In einer Ecke der Baustelle entdecke ich meinen Vermieter, der sich gerade mit einem Handwerksmeister berät. Ich winke ihm im Vorüberfahren zu. Er winkt höflich zurück und der Handwerksmeister starrt mich an. Keine Ahnung, warum die das immer machen. Die Gesellen reden zumeist mit mir oder sie beklagen sich über irgendetwas in dieser Welt oder rufen mir irgendeine freundlich gemeinte Höflichkeitsfloskel hinterher. Die Handwerksmeister starren eher mit unbewegten Gesichtern. Eines

Tages werde ich dieses Geheimnis auch lüften, aber nicht heute.

Es ist schon recht kalt. Immerhin haben wir Mitte November. Ich erinnere mich daran, dass ich meinen rechten Handschuh verloren habe und nehme mir erneut vor, recht bald Tedi anzusteuern und mir ein neues Paar Handschuhe zu kaufen. Für heute friere ich halt ein wenig. Der Weg ist ja kurz. Alle Wege sind kurz in Salzwedel. Salzwedel in Sachsen-Anhalt ist eine hübsche Kleinstadt, die nur so etwa fünfzehn bis zwanzigtausend Einwohner hat. Hier liegt alles so nahe beieinander, dass man quasi jeden Ort, den man ansteuern will, innerhalb von 15 Minuten mit dem Fahrrad erreichen kann. Das Dreirad ist da auch nur wenig schneller.

Mein Ziel ist das Jeetze Café. Dort angekommen setze ich mich sofort an die rückwärtige Wand, die komplett aus Glas besteht. Hier kann viel Licht hereinfluten. Licht ist wichtig. Licht brauche ich zum Denken. Ich trinke Milchkaffee und arbeite weiter. So ein Standortwechsel kann mitunter Wunder bewirken. Okay, für ein Wunder reicht es heute nicht, aber immerhin kommen mir Ideen für die ersten Übungen.

Der innere Moralapostel kann und sollte von mehreren Seiten aus betrachtet werden. Ich entscheide mich dafür, dass wir als erstes seine Appelle anschauen werden. Was verlangt der

24

Moralapostel von uns? Während ich mir fleißig Notizen mache, trudeln per Whatsapp die ersten Antworten und Reaktionen auf meinen Post ein. Meine Freunde tauschen sich jetzt per Whatsapp über das Thema Verantwortung, Selbstzweifel und Angst aus. Mit zunehmender Häufigkeit erklingt die Tempelglocke, die mir anzeigt, dass jemand etwas in den Chat geschrieben hat.

Ich schaue es mir jedes Mal sofort an und überlege mir, ob es ins Seminar gehört und wenn ja, an welche Stelle.
Wolf schreibt, er würde gern an den positiven Aspekten des Themas Verantwortung arbeiten. Undine fragt, was Verantwortung eigentlich ganz genau bedeutet. Freya erkennt, dass sie sich zum Opfer macht, wenn sie ihre Verantwortung nicht annimmt, während Odyl den Eindruck hat, Verantwortung übernehmen impliziert, dass man sich dann selbst ständig kontrollieren muss.

Letzteres verblüfft mich erstmal einen Moment, aber es ist dann auch Odyl, die uns einen sehr wesentlichen Hinweis liefert, indem sie schreibt, Verantwortung sei auch ein Wahrnehmungs-problem. Selbstwahrnehmung! Das erscheint mir so wichtig, dass ich spontan beschließe, diesen Aspekt zum Zentrum des Seminars zu machen. Wir können gar nicht mit dem inneren Moralapostel arbeiten, wenn wir ihn und sein Wirken in uns überhaupt nicht wahrnehmen.

So langsam nimmt die Sache Gestalt an. Zwischenzeitlich hakt es dann aber doch auch wieder eine Weile. Ich zeichne in dieser Zeit ein Bild, meine Vorstellung von meinem inneren Moralapostel. Es gefällt mir. Ich poste es den anderen, erhalte aber keine Antworten dazu. Es ist gut, ab und zu eine kleine kreative Phase einzubauen. Wenn man gerade nicht mehr weiter weiß und wechselt dann den Kanal (hier also von denken zu zeichnen) kann etwas Neues entstehen und es wird Raum frei für Schöpfungen. Anschließend lese ich noch eine halbe Stunde in einem lustigen Roman, doch auch das bringt keine neuen Ideen. Also gut, Schluss für heute. Schließlich gibt es auch noch eine Reihe anderer Dinge, die getan werden müssen.

Insgesamt hat es mir aber sehr gefallen, im Café zu arbeiten und die anderen über Whatsapp in die Entwicklungsarbeit mit einzubeziehen. Es ist nicht so toll, wie es gewesen wäre, hätten sie alle in Persona dabei sein können, aber es ist besser, als sich völlig allein selbst zu inspirieren. Dabei läuft man immer Gefahr, zu sehr ins Intellektuelle, ins Theoretische abzurutschen. Das merkt man den Übungen dann später im Seminar an, sie haben dann einfach keinen Pep. Die Teilnehmer widmen sich solchen Übungen natürlich trotzdem, aber man sieht ihnen an, dass sie keine wirkliche Freude dabei haben. Das sollte aber unbedingt gegeben sein.

Das ist einer der Hauptgründe, warum ich mich manchmal so damit herumquäle, ein Seminar allein zu entwickeln. Ich erlaube dem Verstand nicht, sich daran zu beteiligen. Den schöpferischen Kanal zu öffnen, ist aber nicht immer leicht. Oft steht hinterher einfach gar nichts auf dem Papier. Für so eine Verfahrensweise braucht man auch genügend Zeit. Die läuft mir hier gerade ab. Das Seminar findet am Wochenende statt und heute ist Donnerstag.

Einen Tag später, also am Freitag sitze ich zur Abwechslung in der Tankstelle, auch hier wieder an der großen Fensterwand mit Blick auf die Tankstelle und die riesigen Brummis, die hier betankt werden. Milchkaffee steht bereit, ich bin es auch, Whatsapp an und los geht's.

Blicke streifen mich unauffällig. Vermutlich fragen sich die Lastwagenfahrer, was die alte Frau da mit ihrer Zettelwirtschaft und dem Handy treibt. Ist schon gut, Jungs. Ich verbreite hier nur mein Feld.

Es läuft ganz gut heute – zum Glück!
Das Thema Wahrnehmung öffnet tolle Möglichkeiten. Ich beschließe spontan, eine neue, noch sehr avantgardistische Methode zur Anwendung zu bringen. Diese Methode besagt, dass ich zuerst auf

mich schaue und darauf, was das Seminar, welches ich kreiere und leite, *mir* bringt. Das ist spannend, nicht wahr? Üblich ist es für einen Seminarleiter, sich brav zu fragen, was seine Arbeit im Einzelnen den Teilnehmern bringt. Er selbst soll sich mit der Bezahlung begnügen. Diese Sichtweise wird gerade abgelöst, obwohl sich das noch nicht sehr weit herumgesprochen hat. Natürlich muss das Seminar den Teilnehmern auch etwas bringen. Das ist ja klar.

Es geht bei dieser neuen Sichtweise nicht darum, die Teilnehmer zum eigenen Wohl auszubeuten, sondern es geht darum, sich selbst auch als Teilnehmer des eigenen Seminars zu sehen und dafür zu sorgen, dass man selbst auch zu neuen Einsichten und Entwicklungsschritten gelangt. Dafür gibt es auch schon eine Bezeichnung. Man nennt es kollaboratives Lernen. Das Wort Kollaborateur bezeichnet jemanden, der mit dem Kriegsgegner oder der Besatzungsmacht zusammenarbeitet. Im Krieg war das nichts Positives, aber inzwischen hat sich die Bedeutung verändert.

Hier bedeutet es sozusagen, dass der Seminarleiter mit den Teilnehmern kollaboriert, mit ihnen und auch von ihnen lernt und sich nicht als alleinige Weisheitsinstanz präsentiert. Das ist ein recht neues Konzept, welches sich aber schon sehr bewährt hat. Solche Seminare verlaufen ganz anders, als es früher üblich war, und die

Teilnehmer, die als Partner auf Augenhöhe gesehen werden, entwickeln ganz ungeahnte Qualitäten, die nach der alten Methode hätten schweigen und zurückstehen müssen.

Ich entscheide also, dass auch ich etwas aus dem Seminar für mich und meine Entwicklung ziehen will. Das erfordert eine neue Art der Aufgabenstellung. Da ich selbst auch noch nicht alles über diese neue Vorgehensweise weiß, wird mein Seminar dann eher so ein Mittelding aus alter und neuer Methode, was aber auch nicht schlimm ist. Okay, was will ich für mich aus dem Seminar und dem Thema ziehen?

Oh, ich weiß, was ich will! Ich will es mal mit neuen Unterrichtsmethoden versuchen und da fällt mir auch gleich etwas ganz Tolles zum Thema Selbstwahrnehmung ein. Ich baue in das Seminar ein, dass wir ein Lied komponieren und als Gruppe spielen. Kürzlich erst haben Undine und ich bemerkt, dass wir bei den Takadimis, dem Percussion-Ensemble zu dem wir gehören, Rollen einnehmen, die auch unseren Rollen im Leben entsprechen. Ich spiele dort die Basstrommeln. Die Basstrommeln sind kein schwieriges Instrument, mit dem man komplizierte Soli spielt. Zumeist sind es nur wenige, einfache Trommelschläge pro Lied, die sich immer wiederholen.

Aber genau das gefällt mir. Es fühlt sich für mich so unheimlich richtig und gut an. Ich stehe da und mache die ganze Zeit über tatam dum dum – tatam dum dum – tatam dum dum. Die Basstrommeln sind wie das schlagende Herz des Liedes. So wie unser Herz auch keine komplizierten Gedankengänge durchlaufen will wie etwa das Gehirn, sondern sich daran erfreut, einfach und kraftvoll dadamm – dadamm – dadamm zu machen, so erfüllt es mich mit Kraft und Freude, meine einfachen Töne in genau dem richtigen Rhythmus durchgängig durch das jeweilige Leid schlagen zu lassen.

Undine hingegen nimmt eine völlig andere Rolle in der Gruppe ein: Sie fügt immer hinzu, was noch gebraucht wird. Flexibel, wie sie ist, lässt sie sich mal dieses und mal jenes Instrument in die Hand drücken und spielt es während eines Liedes. Diese Instrumente sind aber nicht unwichtig. Es ist nicht etwa so, dass sie überflüssig wäre und der Leiter ihr irgendein Rasselding in die Hand drückt, damit sie sich nicht blöd vorkommt. In Gegenteil. Wenn sie etwa die Glocke spielt, ein lautes Instrument, dann erklingt dies überdeutlich über dem gesamten Klangteppich. Machen die Djembes mal einen Fehler, fällt das im allgemeinen Getrommel gar nicht auf, spielt die Glocke falsch, hört das gleich jeder. Zugleich orientieren sich die anderen Musiker an der Glocke.

Undines Rolle ist daher wichtig und dennoch flexibel.

Wir werden uns im Seminar vorstellen, dass wir eine Band sind und gemeinsam ein Lied entwickeln und spielen. Jeder Teilnehmer kann sich in dieser Band verorten und herausfinden, wer er oder sie hier ist und sein will. Und die Rollen können während der Übung auch immer wieder wechseln. Außerdem geht es dabei nicht nur um das Spielen von Instrumenten, sondern auch um die Fragen, wer wird die Leitung übernehmen? Wird das überhaupt jemand tun? Wer wird texten, falls jemand singen will? Wer entwickelt die Melodie? Wer fügt alles zusammen? Was für mögliche Rollen gibt es hier noch und wer fühlt sich zu was berufen? Über Whatsapp teile ich den anderen mit, dass sie Musikinstrumente für das Seminar mitbringen sollen.

Für mich liegt die Herausforderung darin, hier etwas anzuleiten (ohne dabei viel zu führen), was in der Hauptsache von den Teilnehmern kommen soll. Leiten, ohne sich in den Mittelpunkt zu stellen und vor allem ohne das Ergebnis zu kennen oder überhaupt eine Zielvorstellung zu haben. Allerdings ein Ziel sollte nach meinem Wunsch schon erreicht werden. Ich möchte, dass es hinterher wirklich ein Lied gibt oder wenigstens einen Teil eines Liedes. Und natürlich jede Menge neuer Selbsterkenntnis und geförderte Selbstwahrnehmung.

Es soll schon mehr sein, als nur zusammen zu trommeln. Es soll etwas entstehen, ein Schöpfungsakt soll vollzogen werde. Also nicht Spiel, sondern Kreativität, die allerdings auch sehr spielerisch sein darf. Das ist neu und birgt daher interessante Herausforderungen auch für mich.

Den ganzen Rest des Wochenendseminars baue ich auf wie eine Art Forschungsseminar. Ich habe nicht fertige Ergebnisse zu bieten, die die Teilnehmer sich aneignen sollen, sondern stattdessen offene und – hoffentlich – inspirierende Fragen, die wir gemeinsam beantworten werden.

Nachdem ich in der Tankstelle so nach und nach drei Milchkaffees absorbiert und mein Konzept fertig gestellt habe, packe ich mich und meine Zettelwirtschaft ein. Leise Schuldgefühle beschleichen mich.

Geht es echt okay, so ein Seminar zu machen? Werden die Teilnehmer nicht unzufrieden sein? Erwarten sie nicht mehr von mir? Erwarten sie nicht vielleicht großartige Eingebungen, tiefe Weisheiten und Übungen voller ausgeklügelter Ideen und Spannungsbögen? Eine gute Freundin von mir sagt immer: „Wenn du dich schuldig fühlst, weißt du, dass du auf dem richtigen Weg bist."

Tja, na dann. Die Schuldgefühle lassen mich so rasch aber nicht los. Das ist mein innerer Moralapostel, der zu mir spricht.

Er sagt:
Du bist die Seminarleiterin. Du musst ihnen Übungen präsentieren, die ihnen ganz viel bringen.
Ich sage:
Es liegt doch an ihnen, ob sie sich viel, wenig oder auch gar nichts aus den Übungen herausziehen, die ich entwickelt habe.
Er sagt:
Wenn sie das aber nicht schaffen und sich gar nichts an Einsichten herausziehen, dann werden sie dir die Schuld dafür geben.

Da hat er Recht, so etwas kann passieren. Das habe ich in so vielen Seminaren schon erlebt.

Es gibt Seminarteilnehmer, die sperren sich, lassen sich gar nicht wirklich ein, machen nur ganz oberflächlich mit und haben dadurch keinen intensiven Seminargewinn. Mit schöner Regelmäßigkeit wird dann die Seminarleiterin angegriffen, und ihr wird vorgeworfen, das Seminar wäre schlecht geplant gewesen. So etwas kommt häufig vor besonders wenn man es riskiert, den Teilnehmern wirklich etwas zuzutrauen und sie nicht mit vorgekautem Weisheitsbrei berieselt. Dennoch, ich riskiere es.

Schließlich habe ich diese Art von Teilnehmern hinter mir zurückgelassen, als ich mein Seminarhaus und damit auch meinen Job als Seminarleiterin verkaufte. Jetzt habe ich nur noch einen Freundeskreis, der sich privat ab und zu auf ein Wochenende bei mir trifft. Alles enge Freunde, alle schon sehr lange in diesem Kreis. „Die packen das schon", versuche ich mich zu trösten und der Moralapostel setzt nach mit der Bemerkung: „also ich habe dich gewarnt!"

Noch bin ich selbst meinem inneren Moralapostel genau so ausgeliefert wie meine Teilnehmer. Kollaboratives Seminar, ich hoffe, auf deine Erleuchtung.
Es rumort in mir bis zum Abend. Ich fahre zu Kaufland, tätige meine Einkäufe, erledige dies das und jenes und immer begleitet mich der innere Moralapostel und versucht mir so Dinge einzureden wie: „Wenn du dich jetzt hinsetzt, ist es noch Zeit, das Seminar umzuschreiben. Setze auf die alten, bewährten Methoden!"

Um ehrlich zu sein, ich versuche das sogar. Zuhause, nachdem ich alles Eingekaufte verstaut und meine Wohnung geputzt habe, setze ich mich hin und überlege mir, ob ich noch ein paar der altbewährten Übungen einbauen sollte. Aber alles in mir sperrt sich dagegen. Klar, es gibt da so ein paar Topseller, die die Teilnehmer immer begeistern, bestimmte Übungen und Rituale, die immer etwas bewegen. Aber diese Bewegungen zielen nicht auf das, was ich erreichen will. Ich will den Teilnehmern nicht bunten Sand in die Augen streuen, damit sie nicht mehr erkennen können, was wir erreicht haben und ob überhaupt etwas erreicht worden ist.

Ich schaffe es nicht, so eine bewährte Übung einzubauen, bin schon zu weit gegangen auf dem neuen Weg, um jetzt noch reumütig in den Mutterschoß traditioneller Didaktik zurückzukehren. Manchmal bin ich auch ein wenig verrückt.

Um 17 Uhr stelle ich mich auf meine Fitnessmaschine und lasse mich zehn Minuten durchrütteln. Dann folgen zehn Minuten Marschieren auf dem Laufband, danach zehn Minuten Trampolinschwingen. Anschließend wieder zehn Minuten auf der Rüttelmaschine und so weiter. Die Haustüren habe ich unabgeschlossen gelassen, denn Freya wird heute noch ankommen. Gegen 18.10 Uhr tritt sie in mein Hinterzimmer ein und beendet damit meine sportliche Betätigung.

Wir setzen uns im Wohnzimmer mit Kaffee und Tee zusammen und sprechen über das Seminar. Das ist schön. Ein wenig wie damals, als wir zusammen gearbeitet haben. Aber wir verändern nichts mehr an dem Konzept. Am Ende bleibt es, wie es ist.

Späterhin trifft Amadeus ein, Freyas Freund, der aus Bayern angereist kommt. Wir landen alle drei vor dem Fernseher und sehen zusammen den Film „Guardians of the Galaxy Teil 2". Das ist ein lustiger und zugleich spannender Film, in dem ein niedliches lebendiges Bäumchen vorkommt. Ganz bezaubernd.

Selina schwankt eine Weile, weiß nicht, ob sie sich auf meinen Schoß oder zu Freya legen will, entscheidet sich dann aber schließlich für mich und kuschelt sich intensiv in mich und meine Decke ein. Während des Films hält sie wie immer meine Hand mit ihren Pfötchen fest und ich streichle sie, bis sie ganz tief eingeschlafen ist.

Da Freya am Morgen um 5 Uhr aufgestanden ist, gehen wir zeitig schlafen.

Kapitel 2
Die Appelle des inneren Moralapostels

Ich wache am Morgen so gegen acht Uhr auf und stelle fest, dass ich meinen Wecker offenbar in der Nacht vom Nachttisch gefegt habe. Er hat sich dabei ausgeschaltet. Na zum Glück bin ich von alleine aufgewacht. Ich tapere in die Küche und beginne in beiden Kaffeemaschinen Kaffee zu kochen, einen mit nur ganz wenig Koffein für mich und einen normalen für Freya und Amadeus. Von den beiden ist noch kein Laut aus dem Nebenzimmer zu hören. Hab ich auch nicht erwartet.

Während der Kaffee durchläuft, mache ich mich fertig und setze mich dann anschließend mit meinem Kaffee ins Wohnzimmer. Seit ich kein Seminarhaus mehr habe, habe ich auch kein Gästezimmer mehr. Freya und Amadeus schlafen auf einer Gästecouch im multifunktionalen Büro-Fitness-Fernseh-Gäste-Zimmer. Es ist sehr eng und vollgeräumt da drinnen, aber es geht schon. Man braucht immer so viel Platz, wie man Hobbys hat. Filme sehen ist ein echtes Hobby von mir. Ich verstehe durchaus einiges davon. Fitness ist auch eines meiner Hobbys, und drei Geräte nehmen viel Platz weg. Ich brauche sie aber, ich benutze sie jeden Tag. Na und meinen Computer brauche ich schon alleine zum Schreiben.

Die Gruppe trifft sich in meinem Wohnzimmer, und keiner stört sich daran. Wir sind ganz privat unter uns.

Im Moment sitze ich noch mit Selina zusammen am Tisch und erwache so allmählich aus dem Schlafkoma. Es wird noch schnell genug losgehen. Selina rückt ganz dicht an mich heran und versucht, einen meiner baumelnden Ohrringe mit den Zähnchen zu erwischen. Ab und zu gelingt es ihr. Ich halte still, während sie an meinem Ohr zieht, und grinse. Sie ist so sanftmütig und freundlich, dass sie mir niemals weh tun würde. Selina benutzt niemals ihre Krallen, wenn sie sich so dicht an meiner Haut bewegt, insbesondere nicht so nah an meinem Gesicht. Sie zieht nur ein bisschen an dem Ohrring und gibt ihn schließlich wieder frei.

Ich gehe zum letzten Mal meine Aufzeichnungen durch und frage mich ein letztes Mal, ob ich nicht doch die eine oder andere altbewährte didaktische Methode einfügen will. Nein, will ich nicht! Irgendwann rührt es sich im Hinterzimmer. Freya taucht als erstes auf. Sie setzt sich zu mir, und wir klönen uns wach in Nullkommanichts. Von Amadeus bekomme ich erst etwas zu sehen, als die nächste Teilnehmerin unten an der Haustür klingelt, die inzwischen abgeschlossen ist. Es ist Odyl. Lustig und heiter wie immer hat sie gleich allerlei zu erzählen, noch während sie sich mit ihrer großen Tasche die steile Treppe hinauf kämpft. Gleich nach ihr taucht Dragut auf, und Undine und Wolf bilden das Schlusslicht.

Erst einmal trinken wir zusammen Kaffee und tauschen uns ein wenig aus. Einige von uns haben sich lange nicht gesehen. Es wohnen ja nicht alle in Salzwedel. Arnold Mindell beschreibt in einem seiner Bücher die Wichtigkeit dieser ersten Phase und welche Funktion sie für das Seminar hat. Selbst wenn ich keine so tolle und fachliche Ausrede für das Klönen bei Seminaranfang hätte, würde ich die Phase weder abkürzen noch abbrechen. Das muss schon sein. Wenn wir zusammen arbeiten wollen, müssen wir auch zusammen reden.

Schon nach zwanzig Minuten ist diese Phase offenbar abgegolten, wir werden stiller, und alle sehen mich erwartungsvoll an. Zeit, mit dem Konzept zu beginnen. Dass es heute um den inneren Moralapostel gehen soll, wissen bereits alle. Wir beginnen zunächst damit, die Appelle zu sammeln und aufzulisten, die der innere Moralapostel an uns richtet. Außerdem einigen wir uns darauf, das Wort in Zukunft abzukürzen. Statt immer vom inneren Moralapostel zu reden, werden wir ihn IMA nennen.

Innerer Moralapostel = IMA

Freya tippt die Appelle, die in der Gruppe zusammenkommen, rasch in meinen Laptop ein, der auf dem Tisch steht. Wir wollen dies Material im Folgenden für unsere gemeinsame Arbeit verwenden.

40

Hier sind einige davon als Beispiele:

- Du sollst keine zusätzlichen Projekte beginnen, sondern eine perfekte Hausfrau sein.
- Du sollst deinen Haushalt schaffen und darfst nicht gereizt sein.
- Dränge dich nicht in den Vordergrund.
- Sei bescheiden.
- Sei lieb und verständnisvoll.
- Zeige deine Schwäche nicht.
- Sei nach außen hin unangreifbar.
- Mache es allen recht und offenbare dich nicht.
- Du darfst nichts sagen oder tun, was andere verletzen könnte.
- Andere sind wichtiger als du.
- Folge lieber vorgefertigten Wegen.
- Sei pünktlich.
- Du darfst keine Fehler machen, denn die sind nie wiedergutzumachen.
- Sei perfekt. Sei noch perfekter.
- Mache dich unentbehrlich.
- Sei immer die beste.
- Du musst immer funktionieren.

Und hier noch der wichtigste Appell meines eigenen IMA an mich:

· Handle und spreche stets und ausschließ-
lich zum Wohle aller Wesen.

Dies ist nicht die vollständige Liste. Da war noch viel mehr. Die Teilnehmer hatten sich in der vorangegangenen Challenge ja bereits mit ihrem IMA auseinandergesetzt und sich Klarheit darüber verschafft, was der IMA von ihnen verlangt.

Vielleicht wird dir jetzt, nachdem du diese Liste gelesen hast, erst so richtig klar, womit wir es hier zu tun haben. Der IMA ist nicht der innere Kritiker. Es handelt sich zwar um einen guten Kumpel des inneren Kritikers, aber doch um eine andere Art von Kraft. Der Kritiker in dir ist für gewöhnlich unzufrieden mit dir und kritisiert dich. Er sagt dir, du bist fehlerhaft und nicht gut. Dafür findet er viele verschiedene Worte und Ansatzpunkte, aber es läuft immer darauf hinaus, dass du so, wie du bist, einfach nicht richtig bist.

Dabei widerspricht er sich auch gern und oft. Das ist ihm ganz egal. Heute sagt er dir, du seiest feige, weil du nicht gesprochen hast und morgen, nachdem du gesprochen und dich kräftig blamiert hast, schüttelt er den Kopf und sagt: Wie konntest du nur so blöd sein, da den Mund aufzumachen.

Der IMA ist anders. Er neigt nicht dazu, sich zu widersprechen. Seine Appelle zeigen immer in zumindest ähnliche Richtungen. Er sagt auch nichts darüber, wie du BIST, sondern er sagt dir wie du HANDELN sollst. Ganz in dem Sinne des eingangs beschriebenen Zitates stellt er ein moralisches Korrektiv für dich dar. Er ist der innere Moralist. Er will dich (scheinbar) zu einem besseren, moralischeren Menschen machen. Er sagt dir, was zu tun richtig ist und was falsch, was gut und was böse ist. Jeder hat dieses moralische Korrektiv in sich und wenn wir unsere Wahrnehmung darauf einstellen, dann können wir auch erkennen, dass da innerlich an uns appelliert wird, moralisch zu handeln und nicht unmoralisch.

Odyl hatte ja das Stichwort Selbstwahrnehmung ins Spiel gebracht. Der IMA ist immer da und arbeitet an dir, ob du es nun bemerkst oder nicht. Aber nur wenn du es bemerkst, kannst du dich dagegen wehren, sonst bist du ausgeliefert und wirst – wie Freya in ihrer Whatsapp so richtig geschrieben hat – zum Opfer. Diese Gruppe von Freunden arbeitet schon lange zusammen. Hier gibt es keine Verschleierungstaktiken mehr, und keiner versucht den anderen etwas vorzumachen. Wir können bereits erkennen, was in uns vor sich geht und wir können es auch aussprechen.

Wenn du Schwierigkeiten hast, mir zu glauben, dass auch du einen IMA hast, dann kannst du das schnell herausfinden. Versuche einfach einmal etwas zu tun, was **du selbst** als moralisch falsch ansiehst. Betrachte es als Übung. Hier mal ein paar Vorschläge:

Stelle dich mit einem Musikinstrument in die Einkaufspassage und versuche dir durch Musik oder Singen ein wenig zu verdienen.

Gehe einmal laut und deutlich mit dir selber sprechend durch die Einkaufspassage.

Wenn du ein pünktlicher Mensch bist, dann komme einmal eine Viertelstunde zu spät und zwar ohne Bescheid zu sagen.

Verstoße gegen Regeln, an die du dich sonst immer hältst.

Gehe in ein feines Restaurant und benimm dich ernsthaft daneben.

Wenn du eher der freie, kreative Künstlertyp bist, dann erscheine doch mal mit einem Outfit auf einem Event, das zu einem Buchhalter passen würde, und wenn du ein Buchhalter bist, kleide dich mal wie ein Künstler.

Probiere es mal aus, verstoße gegen deine eigenen Regeln. Dann wird er sich schon melden, der IMA. Er wird sich mit deinem Verstand verbünden und dir auf der Stelle Argumente dafür liefern, dass du so etwas nicht machen kannst. Wenn das bei dir noch nicht ausreicht, um dich von dem Plan abzubringen, dann kommt er dir mit Schuldgefühlen und schließlich mit Angst. Und wenn du gegen deine Regeln verstoßen hast und lachend sagst: „Wieso, das war doch gar nichts", dann hat er dich dazu gebracht, die Regeln an einer Stelle zu überschreiten, wo du gar keine Grenze gehabt hast.

Doch zurück zum Seminar.
Es gibt da einen Trick, der uns hilft, so einiges über den IMA sehr schnell zu begreifen. Der Trick ist folgender: Wenn dir klar ist, was der IMA von dir will, dann schau mal in die entgegengesetzte Richtung. Was ist es, das du so unbedingt **nicht** tun sollst? Was also ist das Gegenteil von all den Appellen, die wir zusammengetragen haben?

In Zweiergruppen arbeiten wir mit dem Gegenteil. Hierbei entdecken wir ein Phänomen, das vermutlich eine ziemliche Rolle dabei spielt, wenn wir uns nicht über die Appelle des IMA hinwegsetzen können.
Und zwar spuken in unseren Köpfen völlig falsche Vorstellungen davon, was das Gegenteil ist.

Zum Beispiel der IMA von Undine sagt ihr, sie solle lieb sein. Was ist das Gegenteil davon? Sei böse?

Der IMA von Dragut sagt ihm, er dürfe nichts sagen oder tun, was andere verletzt. Was ist hier das Gegenteil? Verletze andere?

Nehmen wir den Appell: Offenbare dich nicht. Ist das Gegenteil hiervon, erzähle jedem alles?

Wenn wir das so glauben, dann stärkt das natürlich IMAs Position. Wer will schon böse, verletzend und obendrein ein Plappermaul sein? Da halten wir uns doch lieber an den guten alten IMA und tun, was er sagt, oder?

Odyls IMA sagt, sie solle stets eine gute Hausfrau sein. Das Gegenteil davon ist doch nicht, sei eine schlechte Hausfrau. Und Freyas IMA verlangt von ihr: Funktioniere immer. Ihr Gegenteil kann ja unmöglich lauten: Höre auf zu funktionieren oder gehe kaputt. Obwohl es absurd ist, das Gegenteil des IMA-Appells so wörtlich zu nehmen, geistern genau diese Vorstellungen unbewusst in unseren Köpfen herum. Auch bei mir. Mein IMA sagt: Handle stets zum Wohle aller Wesen. Soll dann mein Gegenteil lauten: Handle nur noch zu deinem eigenen Wohl?

Dieses Phänomen habe ich auch oft in Gesprächen mit anderen Menschen erlebt. Einmal sagte ich einer Freundin:

46

„Ich möchte für mich einen selbstbewussten Partner"

Daraufhin sie:

„Ach? Willst du einen, der dich durch die Wohnung prügelt?"

„Hä?"

Ein andermal sagte ich zu einer Freundin:

„Ich glaube an Gott."

Daraufhin sie:

„Wer an Gott glaubt, glaubt auch an Dämonen, Hexen und Geister – und das ist nicht gut."

„Hä?"

Es wird uns oft nicht bewusst, aber wenn sich jemand vom üblichen, IMA-gesteuerten Weg abwendet, fürchten wir gleich, dass sich Anarchie oder doch zumindest totaler Egoismus breit macht. Es ist gar nicht so, dass wir das wirklich so DENKEN. Es schwirrt und flirrt mehr im Hintergrund unseres Verstandes und verleitet uns zu völlig widersinnigen Schlussfolgerungen. Unser Kind verlangt mehr Freiheit, und wir befürchten gleich, es wird nie wieder Hausaufgaben machen, Schulschwänzer werden, auf die schiefe Bahn geraten und Drogendealer werden.

Das ist auch der IMA. Sobald jemand in deiner Nähe versucht oder auch du selbst versuchst, ohne ihn auszukommen, malt er dir gleich den Teufel an die Wand.

Wenn ich es hier so aufschreibe, fällt die Absurdität sofort auf, aber im Seminar brauchten wir eine Weile des Gespräches und Austausches, bevor uns klar wurde, dass es doch wohl eher um etwas anderes geht. Mein IMA will nicht verhindern, dass ich zur Egoistin werde und nur noch zu meinem eigenen Wohl handle, weil ich das überhaupt nicht vorhabe. Das will ich ja gar nicht. Ich benötige kein moralisches Korrektiv, welches mich davor beschützt.

Ebenso hat Odyl doch gar nicht vor, ihren Haushalt in Zukunft völlig verdrecken zu lassen. Es würde sie selbst doch am meisten stören, wenn das schöne Haus, in dem sie wohnt, zur Müllkippe wird. Sie braucht keinen IMA, der das zu verhindern trachtet.

Dragut wird nicht gleich jeden Menschen in seiner Umgebung verletzen, wenn er sich mal ein wenig Auszeit vom IMA nimmt, und Freya wird nicht gleich die Klassenschlechteste werden, nur weil sie einmal nicht danach trachtet, die Beste von allen zu sein.

Diese Vorstellungen vom Gegenteil des Appells, die sich so rasch und fleißig einschleichen, haben in der Realität unserer Absichten und Gefühle gar keine Existenz. Das gilt auch für mich selbst. Wenn ich tatsächlich mal etwas wirklich politisch Unkorrektes sage, etwas Wertendes zum Beispiel, finde ich doch nicht gleich solchen Geschmack daran, dass ich von nun an nur noch so mit Menschen umgehen will.

Worum geht es denn dann? Wofür ist der IMA in unserem Bewusstsein? Was genau soll hier verhindert werden?

Uns wird klar, dass wir die wirkliche Gegen-botschaft nur ermitteln können, wenn wir uns die jeweiligen Situationen genauer anschauen. Ich betrachte also eine Situation, in der mein IMA sich deutlich gezeigt hat. Wie war das?

Da war diese Frau, die unbedingt eine Gruppe mitmachen wollte. Ich mache aber keine Gruppen mehr. Eigentlich habe ich meine Arbeit als Schamanin und Coach aufgegeben. Es existiert nur noch mein persönlicher Freundeskreis. Aber sie wollte es angeblich so gerne und insistierte so lange, dass ich sie in die Challenge aufnahm.

Für ein paar Tage nahm sie also an der Challenge teil und war ihren eigenen Worten zufolge auch sehr begeistert. Das änderte sich schlagartig, als ich zum ersten Mal etwas sagte, was ihrem Moralkodex widersprach. Ich habe die Leiterin ihrer letzten Gruppe eine Esotante genannt! (So ein

Beitrag ist vermutlich nicht zum Wohle aller Wesen, obwohl, wer weiß?)

Daraufhin hat die Frau einen langen Beitrag in die Whatsapp Gruppe gesetzt, in dem sie mich richtig niedermachte, mehrere Lügen verbreitete und alles schlecht machte, was von mir gekommen war. Dabei wendete sie sich sogar an die anderen und forderte sie auf, es ebenso zu sehen. Anschließend verließ sie die Gruppe, blockte meine Adresse und nahm uns jegliche Möglichkeit, auf ihren Beitrag (der ja in der Gruppe sowieso gar nichts verloren hatte) zu reagieren. Das nennt man übrigens trollen. Sie hat mich getrollt. Ist ein neuer Internet Fachausdruck.

Da regte sich mein IMA und war sauer auf mich, wegen der Sache mit der ,Esotante'. „Du darfst nur zum Wohle aller Wesen handeln und sprechen. Du kennst die andere Seminarleiterin doch gar nicht. Du hast sie abgewertet. Das war nicht zum Wohle aller Wesen."

Diese Situation betrachte ich also und versuche das wahre Gegenteil des IMA-Appells zu entschlüsseln. Was ganz genau soll ich hier **nicht** machen?
Ich fühle genau in die Situation hinein, spüre dem Appell des IMA intensiv nach, und so langsam lichtet sich der Vorhang. Es geht gar nicht um Weisheit oder das Wohl der anderen. Worum es hier zumindest in meinem Fall einzig und allein

50

geht, ist, dass ich mich nicht wie ein normaler Mensch verhalten darf.

Ein normaler Mensch, der haut auch mal so einen Beitrag raus und benutzt auch mal so ein Wort wie Esotante. Es ist sicher nicht der Höhepunkt meiner spirituellen Entwicklung, so etwas zu sagen, aber andererseits hat es doch so einiges ans Licht gebracht. Die angeblich so interessierte Dame hat sich als Troll geoutet. Jetzt, nachdem ich das von ihr erlebt habe, würde ich sie unter keinen Umständen mehr in irgendetwas aufnehmen. Trollen ist nicht zu trauen. In ihrem langen destruktiven Beitrag spricht sie auch davon, dass andere das Recht haben müssen, ihrer Unzufriedenheit mir gegenüber Ausdruck zu verleihen. Dieses Recht hat sie uns aber abgeschnitten, indem sie sofort die Gruppe verlassen und ihre Nummer geblockt hat. Niemand konnte auf sie reagieren.

An Weisheit ist sie doch offenbar gar nicht interessiert. Warum also soll ich dann unbedingt weise zu ihr sprechen? An Wahrheit ist sie anscheinend auch nicht sehr interessiert, den Lügen nach zu urteilen, die ihren Wortbeitrag durchziehen. Warum soll ich dann wahr zu ihr sprechen? An Liebe ist sie wohl insbesondere nicht interessiert, der verblüffenden Lieblosigkeit ihres Handelns nach zu urteilen. Immerhin hat sie versucht, meinen ganzen Freundeskreis gegen mich aufzubringen. Warum also sollte ich dann liebevoll zu ihr sprechen?

Das sind gute Argumente, nicht wahr? Zieh dir das ruhig noch einmal rein:

An Weisheit ist sie doch offenbar gar nicht interessiert. Warum also soll ich dann unbedingt weise zu ihr sprechen? An Wahrheit ist sie anscheinend auch nicht sehr interessiert, den Lügen nach zu urteilen, die ihren Wortbeitrag durchziehen. Warum soll ich dann wahr zu ihr sprechen? An Liebe ist sie wohl insbesondere nicht interessiert, der verblüffenden Lieblosigkeit ihres Handelns nach zu urteilen. Immerhin hat sie versucht meinen ganzen Freundeskreis gegen mich aufzubringen. Warum also sollte ich dann liebevoll zu ihr sprechen?

Das sind die Ansprüche meines IMA. So soll ich sein: wahrhaftig, liebevoll, weise, immer auf das Gemeinwohl bedacht. Wäre mir das besser gelungen, hätte die Frau dann anders reagiert? Ich glaube nicht. Mein Beitrag war so klein, und ihre Reaktion darauf so heftig. Da muss doch mehr dahintergesteckt haben. Was, weiß ich natürlich nicht, und ich werde es auch niemals herausfinden. Aber niemand rastet so aus, wenn andere nur einen kleinen Fehler machen.

Es steht zumindest zu vermuten, dass dieser Eklat auf alle Fälle auf mich zugekommen wäre. Irgendwann macht jeder einen Fehler. Sie hätte einfach gewartet, bis ich endlich soweit bin und ihr einen Fehler präsentiere. (Da muss man bei mir jetzt nicht wirklich so unheimlich lange warten). Das wäre schon gekommen, auch ohne die ‚Esotante'. Einmal habe ich mit einer Seminarteilnehmerin etwas ganz ähnliches erlebt, weil ich, als mir berichtet wurde, dass die Heizung im Gästezimmer aus der Wand gerissen war, frustriert gesagt hatte: „Oh Mann, immer machen die Leute etwas kaputt, und keiner bekennt sich dann dazu."

Dieser Ausdruck meiner persönlichen Frustration angesichts der Tatsache, dass mir nun wieder eine Reparatur ins Haus steht, die ich gar nicht bezahlen kann, reichte für sie aus, um mich in den Augen der anderen Teilnehmerinnen ausgiebig und in mehreren langen Briefen zu diffamieren und zwar so lange, bis die meisten Teilnehmer das Seminar verlassen hatten. Auch ein Troll.

Die Trolle trollen. Wenn sich kein echter Fehler meinerseits einstellt, dann nehmen sie eben, was sie kriegen können. Ihnen ist auch immer sehr daran gelegen, etwas zu zerstören, ein Seminar, eine Gruppe, einen Freundeskreis, einen Vortrag oder ein kreatives Werk.

Dabei wiederholen meine Trolle die Botschaften meines IMA im Außen. Du darfst dies nicht, du darfst das nicht und jenes schon überhaupt nicht. Für mich ist der Kern all dieser Botschaften: „Sei nicht menschlich. Zwinge dich in die Rolle der perfekten, weisen, lieben Schamanin."

Übrigens ist dies auch eine Entdeckung des Seminars: Die Stimme deines inneren Moralapostels findet immer Wiederholung durch Menschen im Außen.

Wir verbringen also im Seminar mehr Zeit damit, zu entschlüsseln, worum es eigentlich geht, was wir nach Ansicht unserer IMAs NICHT tun oder sein dürfen.

Odyl soll eine perfekte Hausfrau sein (wie in „Die Frauen von Stepford". In einem Dorf wandeln die Ehemänner ihre Frauen in Puppen bzw. Cyborgs um, so dass sie nur noch liebevoll und bewundernd sind, perfekt kochen, alles sauber halten und schön aussehen). Wenn Odyl sich ein zusätzliches Projekt sucht, wie etwa im Altersheim mit den Bewohnern singen, dann meldet sich protestierend ihr IMA und sagt ihr „Das schaffst du doch gar nicht. Du darfst deinen Haushalt nicht vernachlässigen".

Freya soll immer und überall die Beste sein, unentbehrlich werden, immer gesund und immer hilfreich. Schwäche und Freizeit kritisiert der IMA und verlangt mehr Einsatz und mehr Leistung.

Dragut darf nie etwas sagen, was andere verletzt. Damit kann er sich aber auch nie wirklich gegen etwas wehren. In Diskussionen kann man ihm einfach antworten: „Du das verletzt mich jetzt aber", und er muss zurückstecken. So kann er sich aber auch nicht verwirklichen, sondern muss dem vorgegebenen Pfad folgen, hart arbeiten, Geld verdienen, die Familie ernähren, sonst fühlen sich die Seinen verletzt. Trickreich, nicht wahr?

Das hat er gemeinsam mit Wolf, der praktisch dasselbe Schicksal lebt. Undine darf ihre Gefühle nicht zeigen, sich nicht offenbaren. Wenn ihr IMA sagt: „Sei lieb", so ist die wahre Botschaft davon eigentlich: Sei unproblematisch. Sage nichts, was mich irritieren könnte, störe meine Kreise nicht. Das ist im Grunde auch so ein „Die-Frauen-von-Stepford"-Appell.

Amadeus soll immer pünktlich, friedlich und perfekt sein. Sein IMA umkreist ihn mit Appellen, die alle verbieten, so etwas wie Individualität, Kreativität und Persönlichkeit zu zeigen. Dabei ist Amadeus als Musiker sehr kreativ und hat wundervolle Lieder komponiert. Der IMA macht sie ihm mit seinem „Sei-perfekt"-Appell alle nieder, so dass Amadeus sich nie wirklich darüber freuen kann.

Es tut sich hier für uns die Frage auf: Was ist der gemeinsame Nenner all dieser Appelle?

In allen IMA-Appellen geht es immer um Rollen, gesellschaftliche Rollen, die gespielt und eingehalten werden sollen. Da ist die Rolle der perfekten Hausfrau, die perfekte Assistentin, der brave Ehemann, der brave Sohn oder die perfekte weise Frau. Wir sollen unsere Rollen in der Gesellschaft spielen und nicht aus der Reihe tanzen, indem wir etwa individuell, kreativ oder unangepasst reagieren. Wir sollen keine Reibung erzeugen, sollen dazu beitragen, dass die Gesellschaft funktioniert und alles seinen Gang geht.

Aber eines wird vollkommen unmöglich gemacht, wenn wir uns tatsächlich an die Appelle des IMA halten, nämlich Entwicklung. In meinem Buch „Keine Liebe ohne Hoffnung" beschreibe ich ausführlich, dass alle Entwicklung immer mit dem Verlust einer Komfortzone beginnt. Der IMA will genau das verhindern. Wenn wir alle unsere Rollen spielen, dann reibst sich nichts und wir erzeugen für niemanden einen Komfortzonenverlust. In früheren Zeiten hielt man dies nicht nur für wichtig, sondern glaubte sogar, es sei die Grundlage für das bestehen der Gesellschaft.

Reagiert Undine lieb auf ihren Ehemann, egal wie unzufrieden sie innerlich ist, dann werden seine Kreise nicht gestört. Alles wie gehabt, alles gut, alles immer gleich und friedlich. Kein Streit, kein Komfortzonenverlust, keine Entwicklung nötig. Natürlich sind wir alle Menschen, und wir schaffen es gar nicht, immer so angepasst zu reagieren. Ab und zu explodiert irgendwo ein Druck und es kommt doch zum Streit. Aber der IMA hält uns zumindest in Schach, so gut es geht.

Und wenn dann mal eine Frau explodiert ist und sie wirft ihrem Mann ihre ganze Unzufriedenheit an den Kopf, dann sorgt der IMA mit den sich daran nahtlos anschließenden Schuldgefühlen schon dafür, dass es an dieser Stelle nicht mehr weiter geht. Was ich damit sagen will ist, wenn schon mal so ein Streit da ist, dann ist das ja auch eine Chance und zwar für beide. Es könnte sich daraus ja auch etwas Gutes, Neues entwickeln. Dazu kommt es jedoch meistens nicht, weil der IMA nicht zulässt, dass dieser Weg weiter gegangen wird.

Vielleicht entschuldigt sie sich, vielleicht vertröstet er sie mit einem Blumenstrauß, sie raufen sich wieder zusammen und stellen den Status Quo wieder her, so wie er vorher war, ohne besondere positive Veränderung. Wir machen das meistens so lange, wie es überhaupt geht. Erst wenn wir es wirklich nicht mehr ertragen können, kommt es zum Bruch, der aber auch oft nicht in eine positive

Entwicklung einmündet, weil wir nach so einem Beziehungsbruch meistens versuchen, eine neue Partnerschaft zu finden, in der es ‚besser' läuft, sprich reibungsloser.

Damit will ich übrigens nicht sagen, dass wir immer explodieren sollen und unseren armen Partnern all unseren Frust entgegenschleudern. Wie oft kann ein Mensch so etwas aushalten? Also ich bestimmt nicht oft. Wir explodieren ja nur, weil wir unsere Gefühle zuvor schon so lange unterdrückt haben bzw. weil wir so lange auf unseren IMA gehört haben.

In unserem Seminar ist es mittlerweile Zeit für die Mittagspause. Undines und Wolfs Hund ist krank, deshalb hatte Undine uns schon zuvor eingeladen, alle zu ihr zu kommen und dort zu essen. So können sie ein bisschen Zeit mit dem Hund verbringen. Irgendwie fehlt uns ein Platz im Auto, deshalb fahre ich mit meinem Elektrodreirad. Tatsächlich komme ich als letzte an. Das war gar nicht so sicher, denn mit dem Dreirad kann ich Abkürzungen benutzen, die für Autos nicht gelten. Aber ich hatte so meine Probleme, den Bahnhof zu verlassen.

Zuerst muss ich um den Bahnhof herumgehen, weil ich ja den inneren Durchgang nicht benutzen darf wegen der Baustelle, und dann haben die Handwerker auch noch so einiges Gerät in den Weg gestellt. Um zur Tür heraushinaus zu kommen, muss ich erst mal Baugerüste wegschieben und noch ein paar andere Dinge aus dem Weg ziehen. Das stört mich aber im Grunde nicht. Der Himmel ist trotz des kalten Wetters blau, und es ist schön, eine kleine Fahrt zu machen, auch wenn mir der Wind recht hart ins Gesicht bläst.

Bevor mir wirklich kalt werden kann, bin ich ja auch schon angekommen. (Kein Weg dauert länger als zehn Minuten mit dem Fahrrad). Rudi, der arme kranke Hund, freut sich über mein Eintreffen.
Das Hundchen tapert langsam und auf geschwächten Beinchen hin und her, lässt es sich nicht nehmen, mich persönlich zu begrüßen. Aber danach legt er sich gleich wieder auf das Sofa und gibt sich dem Heilschlaf hin.

Beim Essen entspannen wir uns, klönen, albern herum, lachen viel und genießen das Beisammensein. Da wir nicht alle in Salzwedel wohnen, haben wir das viel zu selten. Oft sehen wir uns mehrere Monate lang nicht. Natürlich hat Undine schon vorgekocht und muss das Essen nur warm machen. Einer von uns ist immer bei ihr, um zu helfen. Die anderen wechseln sich unabgesprochen dabei ab. Ich bleibe sitzen und gönne es mir, mich ein wenig mehr zu entspannen. Immerhin war ich bis eben die Gastgeberin und verantwortlich für die Kaffee-Pipeline.

Wir alle kennen uns seit Jahren. Amadeus kenne ich, glaube ich, schon seit 15 Jahren. Wir sind ein so guter, eingeschworener Kreis, da hat ein Troll so schnell keine Chance. Gott sei Dank. Vor allem eines haben wir uns gemeinsam erarbeitet: Wir stellen keine Vollkommenheitsansprüche aneinander. Jeder darf Fehler machen und jeder darf auch mal eine Runde spinnen.

Undine bewirtet uns mit Nudeln in Tomatensoße mit und ohne Fleisch nach Belieben. Außerdem gibt es Schokopudding mit Schlagsahne und Milchkaffee. Gesättigt, ja eigentlich gestopft, machen wir uns auf den Rückweg zum Bahnhof. Ich wieder mit dem Dreirad. Diesmal treffen wir alle gleichzeitig ein. Oben angekommen setze ich schnell wieder zwei große Kannen Kaffee auf. Kaffee hilft mir bei allen geistigen Aktivitäten, auch wenn ich ihn meistens mit nur ganz wenig Koffein trinke.

Selina flieht aufgescheucht von einer Seite zur anderen. So viele laute Geräusche machen ihr Angst. Außerdem hat Amadeus die Tür zum Hinterzimmer zugemacht, so dass sie sich nicht in meinen Fernsehsessel legen kann. Das verunsichert sie. Ich versuche sie zu trösten, aber es funktioniert nicht, weil die anderen um mich herum Schuhe ausziehen, Taschen in Ecken stellen und Türen schließen. Sie springt auf den Tisch im Wohnzimmer und gibt Geräusche von sich.

So richtig Miau sagen kann Selina nicht. Als Welpe hatte sie einen Tumor im Rachen, den ich habe entfernen lassen. Darüber war sie zwar überaus froh, weil sie danach endlich frei atmen konnte, doch ihr Stimmchen hat darunter etwas gelitten. Sie gibt auf dem Wohnzimmertisch einige Quietscher von sich. Alle setzen sich so nach und nach um den Tisch, und Lienchen klappert die meisten von uns ab, um sich trösten und streicheln zu lassen.

Sie mag Amadeus besonders gern, wie mir scheint. Er hat von uns allen auch die ruhigste Ausstrahlung. Es ist kein Problem, mit Selina zu schmusen und gleichzeitig mit dem Seminar weiterzumachen. Daher fangen wir zügig an. Es hat sich eine intensive Spannung gebildet. Jetzt, wo wir erkannt haben, wie sehr der IMA uns unter seiner Fuchtel hat, wollen wir den Weg aus diesem Zustand heraus finden.

Kapitel 3
Kreative Umsetzung

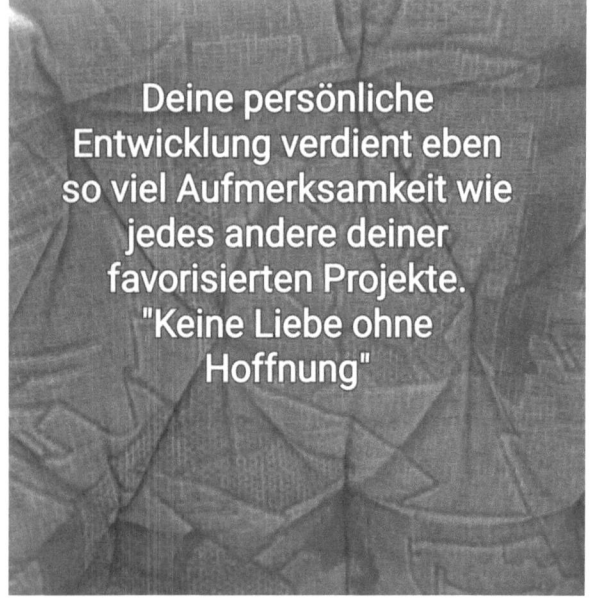

Deine persönliche Entwicklung verdient eben so viel Aufmerksamkeit wie jedes andere deiner favorisierten Projekte. "Keine Liebe ohne Hoffnung"

Trotzdem machen wir jetzt erst die kreative Übung mit der Band. Ein Kanalwechsel scheint mir sehr angemessen. Wir stellen uns vor, wir seien eine Band und wollen ein Lied entwickeln. Die anderen haben die verschiedensten Musikinstrumente mitgebracht. Es gibt ein kleines Keyboard von Wolf, etliche verschiedene Trommeln, eine Ukulele von Amadeus, eine Gitarre, verschiedene kleine Rasseln und ein Triangel von Odyl. Es soll eine Encounter-Übung werden, also eine Selbsterfahrungsübung. Wer sind wir in der Gruppe, welche Rolle nehmen wir ein? Welche Rolle wollen wir, welche steht uns zu, welche funktioniert nicht für uns...?

Und zugleich entsteht ein Lied. Die Entscheidung für einen Reggae fällt sehr schnell. Amadeus gibt uns Verschiedenes vor und wir nehmen seine Vorschläge gern an, weil er als Musiker für uns hier am meisten Kompetenz mitbringt. Allerdings sind wir insgesamt eine sehr musikalische Gruppe. Außer Freya, die vorschlägt, sie könne das arhythmische Klatschen übernehmen. Wie wird sie damit umgehen? Wie wird sie sich in einer Band verorten?

Freya findet schnell ihre Rolle. Sie wird zur Assistentin. Diese Rolle passt gut zu ihr. Sie ist eine wunderbare Assistentin. Sie schreibt Dinge für uns auf, macht mit der Videokamera Aufnahmen, unterstützt und ist für uns da. Ich wollte mich ja eigentlich im Hintergrund halten, aber das mache ich nicht. Immer wieder mische ich mich ein, bringe Ideen ein, mache Vorschläge und – ich gestehe es - unterbinde auch die eine oder andere Idee von den anderen. Trotzdem spiele ich die Basstrommeln.

Undine und Odyl singen. Beide Frauen haben schöne, hohe Stimmen. Text? Wir brauchen einen Text? Ist schnell erledigt. Reggae, die Frauen singen:

„Eben träum ich noch von Sommer, Strand und Sonne, träume mich hinein, in die Urlaubswonne und dann kommt er!"
Und jetzt Dragut, der die Ukulele spielt, unterstützt von Amadeus auf der Gitarre:
„Mach deine Arbeit, erfüll deine Pflicht! Was du dir wünschst, das zählt hier nicht!"
Triangel macht „Ding"
Alle zusammen: „Ohhhhhhh!

Das Stück gewinnt immer mehr an Qualität. Wir wiederholen es etliche Male, verändern es, basteln daran herum. Feilen es immer weiter aus, bis Undine plötzlich ausbricht. Sie wechselt den Platz, setzt sich vor ihre Djembe und will nicht weiter machen. Jetzt sind wir gefordert, denn darum geht es doch eigentlich bei dieser Übung. Wer sind wir in der Gruppe und wer wollen wir sein? Es entsteht ein langes Gespräch. Wir sind enttäuscht, ein wenig vor den Kopf gestoßen, bemühen uns aber herauszufinden, was los ist.

Ich spüre tiefe Zuneigung zu Undine und will auf keinen Fall, dass Wertung oder Verurteilung entsteht. Sie hat etwas getan, was genau zu der Übung passt. Sie hat ihren Platz verlassen, weil er sich nicht mehr richtig anfühlte. Das könnte unter Umständen sehr wichtig sein. Vielleicht verbirgt sich genau dahinter ein Durchbruch für sie. Sie drückt sich auch nicht, stellt sich dem Gespräch, versucht Fragen zu beantworten.

In diesem Gespräch wird auch mehrfach von den anderen gesagt, dass sie sich von mir ab und zu etwas unterdrückt fühlen (Ächz! Ich weiß, dass sie Recht haben, kann aber nicht aus meiner Haut). Ein Glück, dass ich so gute Freunde habe, die mir hier meine Unvollkommenheit verzeihen können. Puhh! Es ist nämlich so, dass ich das erst gelernt habe. Früher habe ich in solchen Situationen einfach gar nichts gesagt und mich unauffällig rausgezogen. Dann habe ich gelernt, dass ich auch dableiben und mich stärker einbringen kann. Das kann ich erst seit vielleicht drei Jahren oder so.

Vielleicht entdecke ich irgendwann mal einen noch besseren Weg, aber ich hab da meine Zweifel. Immerhin müssen die anderen das auch sagen dürfen, und das tun sie auch. Mit Undine kommen wir zunächst nicht recht weiter und irgendwann ist es schon Abend und wir beenden das Gespräch. Es ist ein bisschen schade, dass der von mir beabsichtigte Effekt, dass jetzt alle stolz sind auf ihr tolles Lied und sich darüber freuen, nicht da ist. Wir sind eher verwirrt, aber es gibt keine Beschuldigungen oder Streit. Wir erkennen schon alle, dass es für Undine irgendwie wichtig war, sich rauszuziehen, auch wenn noch nicht klar geworden ist, warum.

Odyl macht sich auf in die Wohnung einer Salzwedeler Freundin, wo sie übernachtet. Dragut, Undine und Wolf fahren zu sich, Amadeus und Freya schlafen wieder in meinem multifunktionalen Hinterzimmer. Wir wollen noch fernsehen bzw. eine DVD gucken. Ich habe „Salazars Rache", Teil 5 der Filmreihe „Fluch der Karibik". Selina nimmt ihren Stammplatz auf meinem Schoß ein, schnappt sich meine linke Hand mit beiden Pfötchen und hält sie energisch fest. Sie will wohl deutlich machen, dass ich jetzt ihr gehöre. Die anderen hatten mich heute lang genug.

Es dauert aber nicht lange, bis wir alle vier eingeschlafen sind. Wenn ich den Film nicht schon vorher gesehen hätte, wüsste ich jetzt nicht, ob Salazar seine Rache bekommt oder nicht bzw. wer denn nun der Vater von Carina ist. Das verrate ich aber nicht.

Am Sonntag stehe ich um 8 Uhr auf und bereite wieder zwei große Kannen Kaffee vor, eine mit der normalen Dosis Koffein und eine mit ganz wenig. Amadeus und Freya rühren sich noch nicht. Ich setze mich ins Wohnzimmer und überdenke das Seminar. Undines Reaktion vom Abend zuvor steht immer noch unaufgelöst im Raum. Was machen wir da?

Optimistisch rufe ich bei Gitta an, meiner ältesten Freundin. Sie ist eine hochkompetente Prozess-unterstützerin mit mehreren Ausbildungen. Da sie viel beschäftigt ist, war die Chance, sie zu erreichen, gar nicht groß, aber wir haben Glück. Sie ist tatsächlich zuhause und bereit, unseren Prozess zu unterstützen. Ihr Rat ist es, dass Undine dieses Gefühl, welches sie veranlasst hat, ihren Platz zu verlassen und nicht mehr mitzumachen, in ihrem Körper bewegen könnte. Das ist eine der gängigen Übungen in der World Work Prozessarbeit. Es gefällt mir, ich nehme mir vor, Undine zu fragen, ob sie das machen möchte.

Dann tauchen Freya und Amadeus auf. Gitta hat auch keine Zeit mehr, und wir müssen auflegen. Freya und ich teilen uns einen Salat mit Thunfisch und Ei. Schrecklich, aber die Gruppentreffen arten bei uns immer in Gelage aus. Was hier alleine an Süßigkeiten auf dem Tisch steht! Dem habe ich nichts entgegenzusetzen. Da kann mein IMA predigen, so viel er will, trotzdem - die meisten

Schoko Toffees, die Odyl mitgebracht hat, habe gestern ich gegessen.

Wir plänkeln ein wenig herum (Phase 1), trinken gemeinsam Kaffee und Tee und stürzen uns dann wieder ins Gefecht.

Die Frage, der wir uns heute stellen, lautet:

Kapitel 4
Die Wirkung des IMA

Wenn Angst und Zwänge weg
sind und sich eine innere
Entspannung dauerhaft
ausbreitet, dann steigen deine
wahren Fähigkeiten in dir auf.
Aus "Werde Glücksbringer -
Sieben Schlüssel zu den Türen
deiner Kraft"

Wie sieht die Wirkung aus, die der IMA auf uns hat?

Wenn wir schon alle einen so eifrigen IMA haben, der uns zu besseren Menschen machen will, dann sollten wir doch alle hochgradig fleißig, klug und nett sein. Heute wollen wir der Frage nachgehen, ob das denn auch wirklich so ist und wie wir uns mit unserem IMA fühlen.

Wir gehen zunächst unsere Notizen aus der vorangegangenen Challenge durch. Freya weist darauf hin, dass ihre Wohnung trotz aller IMA-Appelle eher einem Schlachtfeld gleicht. Amadeus' IMA verlangt von ihm Pünktlichkeit, aber er kommt immer zu spät, und alle müssen auf ihn warten. Odyl versucht zumeist mit heraushängender Zunge hechelnd den Vorstellungen ihres IMA nachzukommen, ohne ihm je gerecht werden zu können. Undine kritisiert ihren Wolf ständig allen IMA-Appellen, dass sie doch lieb sein soll, zum Trotz.

Und wie fühlen wir uns mit unserem IMA und seinen Appellen? Schwach, resigniert, kraftlos, müde sind die am häufigsten verwendeten Ausdrücke, dicht gefolgt von schuldig und ängstlich. Was mich betrifft, so kenne ich sie auch sehr gut, diese bleierne Müdigkeit und Trägheit, die mich befällt, wenn ich eigentlich kreativ sein will, etwas Neues schreiben oder etwas Schönes für mich tun.

Was für ein ewiger und elender Kampf es ist, gegen diese Müdigkeit anzukommen.

Ich habe Zeit und eine interessante Idee, will schreiben, texten oder aktiv werden – und auf einmal ist diese niederdrückende Trägheit da, als wäre meiner Kraft irgendwie der Stöpsel gezogen worden. Außerdem fühle ich mich auch wütend, weil ich nicht so müde sein will. Schwach und müde, erschöpft und unfähig, etwas zu tun, das ist eine Erfahrung, die wir alle teilen. Obwohl der IMA zu Freya sagt, sie solle eine gute Mutter sein und endlich die Wohnung aufräumen, fühlt sie sich zu schwach dazu.

Und wenn sie kreativ sein will und etwas Schönes näht, dann sendet er ihr Schuldgefühle wegen der Wohnung oder wegen der Kinder.

Schuldgefühle sind eher so ein Frauending. Die Männer erleben es eher als Resignation oder Traurigkeit. Keiner von uns fühlt sich vom IMA unterstützt oder gestärkt. Das zu bemerken, ist schon mal eine wichtige Erfahrung.

Ich fordere die anderen auf, eine Zeichnung anzufertigen, die darstellt, wie sie sich mit ihrem IMA fühlen.

Freya zeichnet eine Frau, die im Kerker angekettet ist, während sich ihr eine Ratte nähert.

Wenn man ein Bild malt oder eine Zeichnung anfertigt, dann malt man immer mehr darauf, als man weiß. Das ist auch hier erkennbar. Nach ihrem eigenen Empfinden legt der IMA sie in Ketten. Die Ketten sind auf dem Bild zu sehen.

Wie soll sie denn die Küche aufräumen, wenn sie zugleich an eine Wand gekettet ist?

72

Vielleicht möchte jemand jetzt einwenden, dass sie ja nicht wirklich angekettet ist, sondern nur in ihrer Vorstellung. Aber es macht doch kaum einen Unterschied, ob es so ist oder sie sich nur so fühlt. Wenn ihr IMA ihr das Gefühl so vollkommener Macht- und Kraftlosigkeit vermittelt, wie kann er da erwarten, dass sie die Kraft hat aufzuräumen?

Odyl zeichnet zwei Bäume, einen grünen Baum mit aufsprießenden Ästen und einen schwarzen, dessen Äste herunterhängen und dem alle Blätter ausfallen. Die herab fallenden Blätter sehen alle wie Herzen aus. Der aufstrebende, grüne Baum, das ist sie, ihre Wünsche, Träume und Ziele. Aber der IMA macht sie so kaputt und tyrannisiert sie so mit Schuldgefühlen, dass ihr alle „Blätter ausfallen" oder dass ihr Herz zu Boden fällt.

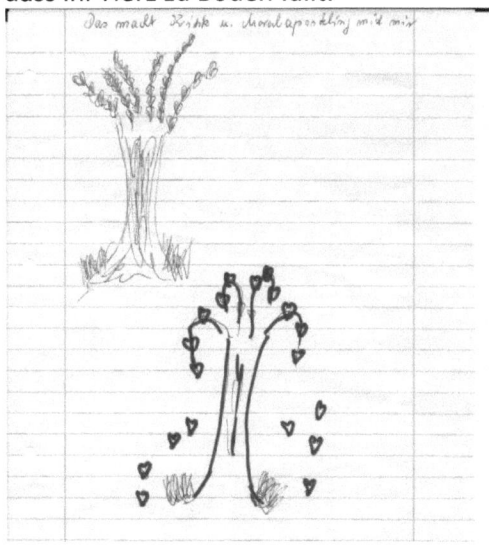

Auf einem anderen Bild sieht man den IMA wie eine Riesenwelle gegen eine kleine Person stürmen, die sich nur mit einem aufgespannten Schirm dagegen zu wehren versucht.

In diesem Bild sieht der IMA aus wie ein stacheliger, schwarzer Troll, der der Person mit einer Kette am Bein hängt und sie am Fortkommen hindert, während Regen auf sie fällt.

Dieses Bild scheint heftiges Entsetzen und Schrecken so wie auch Wut auszudrücken und Draguts Zeichnung zeigt, wie er in einem schwarzen Loch versinkt, während sein IMA ihn immer noch mit seinen Appellen bedrängt.

Mein eigenes Bild sieht – finde ich – aus wie ein wütendes Baby.

Es gibt doch diese Phase in unserer frühkindlichen Entwicklung, die Trotzphase, in der wir uns wütend und tobend zu Boden werfen wegen irgendeiner Kleinigkeit, die uns gegen den Strich geht. So sieht das Baby auf meinem Bild aus. Ich erkenne darin dieses unendlich wütende, gewaltige Toben gegen die – was auch immer, die Wirklichkeit? Die Eltern? Den Machtverlust?

Alle Zeichnungen zeigen, wie unwohl wir uns mit unseren IMAs fühlen. Dazu kommen die Erkenntnisse, die ich eingangs in diesem Kapitel beschrieben habe. Obwohl der IMA uns so zusetzt, sind wir gar nicht so besonders fleißig, arbeitsam, putzwütig, hochkarätig, perfekt und politisch korrekt.

Das veranlasst mich zu einer Frage an die Gruppe.

Wir legen die Liste mit den IMA-Appellen (Sei eine perfekte Hausfrau, sei lieb, handle stets zum Wohle aller Wesen...) auf den Fußboden und unsere Bilder daneben.

Links die Appelle – rechts die Wirkung.

„Welche Schlussfolgerungen können wir daraus ziehen?"

Es stellt sich eine weitere Frage in den Raum:

„Ist der IMA ein erfolgloser Helfer oder ein sehr erfolgreicher Saboteur?"

Das muss man sich schon fragen. Was ist denn los mit dem IMA? Seine Appelle funktionieren ja gar nicht. Obwohl er ständig von Odyl verlangt, dass sie eine perfekte Hausfrau sein soll, ist sie stattdessen kraftlos, voller Selbstbeschuldigung, Selbstzweifel und Angst.

Obwohl ich immer zum Wohle aller Wesen sprechen soll, bin ich mitunter echt wertend und politisch unkorrekt.

Obwohl der IMA von Undine verlangt, dass sie lieb sein soll, kritisiert sie Wolf häufig und verursacht Streit. Und Amadeus erst, der doch pünktlich sein soll und immer zu spät kommt.

Ist der IMA unfähig? Verwendet er einfach das falsche Werkzeug? Wenn ich einen Nagel in die Wand schlagen will, dann brauche ich einen Hammer dazu. Wenn ich ein Brett verkürzen will, dann benötige ich dafür eine Säge. Mit dem richtigen Werkzeug erreiche ich das Gewünschte. Wenn ich aber versuche, einen Nagel mit einer Säge in die Wand zu schlagen und ein Brett mit einem Hammer abzuschneiden, dann werde ich scheitern.

Scheitert der IMA, weil er das falsche Werkzeug verwendet?

 Seine Werkzeuge sind zunächst einmal der Appell, dann das Erzeugen von Schuldgefühlen, Ängsten und Selbstzweifeln – und wenn das noch nicht hilft, ruft er seinen guten alten Kumpel, den inneren Kritiker hinzu, der Kritik verwendet. Das also sind seine Werkzeuge. Die funktionieren aber anscheinend nicht.

Egal, wie oft er an Freya appelliert, ihre Wohnung aufzuräumen, Die Wohnung verwandelt sich immer wieder in ein Schlachtfeld. Will der IMA Nägel mit einer Säge in die Wand schlagen?

Oder

Will der IMA in Wirklichkeit etwas ganz anderes? Es dauert nicht lange, bis diese Frage in den Raum kommt. Man darf nie vergessen, auf das Ergebnis zu blicken. Das tun wir. Wir blicken auf das Ergebnis der Bemühungen unseres IMA und es gibt uns sehr zu denken. Wir werden gar keine besseren Menschen. Wir werden nur schwächere, kaputtere Menschen. Das ist das Ergebnis seiner Arbeit an und mit uns. Er macht uns schwach und kaputt.

Da muss doch die Frage gestattet sein, ob es nicht am Ende genau das ist, was der IMA in Wahrheit auch bewirken will. Das ist ein Umkehrschluss. Ein interessantes Phänomen unter anderem aus der Ur-Psychologie. Wir schauen uns ein Ergebnis an und ziehen daraus Rückschlüsse auf die Absicht. Das haut nicht immer hin. Manchmal sind Menschen tatsächlich so dämlich, ein Leben lang das falsche Werkzeug zu benutzen und sich zu wundern, warum es nicht funktioniert.

Ich kannte einmal eine Frau, die ihrem Mann (ihrer eigenen Aussage zufolge) bestimmt tausend Mal gesagt hat, er solle die Kasse abschließen, wenn er den Raum verlässt. Trotzdem hat er das niemals gemacht.

Ich glaube, es war Einstein, der dazu so etwas gesagt hat wie: Es ist Wahnsinn, immer das gleiche zu tun und trotzdem ein anderes Ergebnis zu erwarten.

Ich hab mal eben schnell den allwissenden Google nach diesem Zitat gefragt. Also hier ganz genau, Zitat Albert Einstein:
„Die Definition von Wahnsinn ist, immer das Gleiche zu tun und andere Ergebnisse zu erwarten."

So etwas gibt es, aber ich werde da immer schnell misstrauisch und versuche es zumindest einmal probeweise mit dem Umkehrschluss:

Was wenn es in Wirklichkeit genau um dieses Ergebnis geht?

Ich denke, ganz genau das ist hier auch der Fall. Es geht nicht wirklich darum, uns zu moralischeren Menschen zu machen. Eigentlich geht es darum, uns systematisch zu schwächen, zu entkräften und zu entmutigen.
Aber warum denn nur?

In allen hier beschriebenen Situationen geht es doch immer darum, Freiheit, Kreativität und Wille zu unterbinden. Vor allem aber soll Entwicklung verhindert werden. Menschliche Entwicklung vollzieht sich nie im reibungslosen Miteinander. Dort, im reibungslosen Miteinander, erholen wir uns, und das ist auch gut und wichtig. Entwicklung aber braucht den Verlust von Komfortzonen. Ich verweise noch einmal auf mein Buch „Keine Liebe ohne Hoffnung", in dem ich dieses Phänomen ganz ausführlich beschreibe.

Hier kann ich es nur kurz anreißen. Wenn eine Komfortzone verschwindet, bringt uns das in eine Krise. Auch der Verlust einer kleineren Komfortzone wie dem ehelichen Frieden während eines Streites kann eine kleine Krise auslösen, die vielleicht nur einen Tag andauert oder ein paar Stunden. In dieser Zeit drängt uns der IMA zurück zu rudern, uns zu entschuldigen, das Gesagte zurück zu nehmen, den vorherigen Frieden zurückzuholen.

Oftmals tun wir das. Wir bringen der Frau ein paar Blumen mit, backen dem Mann einen Kuchen oder tun etwas Ähnliches, um wieder in den vorherigen Status Quo zurückzukehren – und nichts geschieht, nichts entwickelt sich, außer vielleicht, dass unsere Beziehungen mit jedem Male wackeliger werden.

Bleiben wir standhaft, stehen wir zu unseren Gefühlen und Wünschen, kann etwas Neues kommen. Ein neues Element kann in unser Leben kommen. Die gelangweilte, perfekte Hausfrau schnappt sich ein tolles Projekt, in dem sie Erfüllung anderer Eigenschaften findet als jene, die durch die Beziehung erfüllt werden. Das neue Projekt ermöglicht es ihr, sich zu entwickeln, Fähigkeiten, Kräfte, Kompetenzen und Qualitäten auszubilden, die zuvor nicht gefordert wurden. Sie wird mehr, sie wächst um diese Qualitäten an, und sie wird nicht weniger.

Entwicklung ist immer ein Mehr, nie ein Weniger. Wenn ein Baum wächst, dann wird er größer, nicht kleiner.

Der brave, die Familie malochend ernährende Ehemann kann sich auch ein Projekt suchen, etwas, das ihn erfüllt und fordert, in dem er sich weiterentwickeln kann. Vielleicht ernährt irgendwann dieses neue Projekt die Familie. Vielleicht auch nicht, Vielleicht macht er nur Musik mit Freunden und ist glücklich dabei. Es geht nicht immer nur um's Geldverdienen. Es geht um's Leben und dabei glücklich sein.

Die kreative Schneiderin Freya kann sich entfalten, neue Handtaschen erfinden und nähen. Neue Kleider entwerfen und damit viele Frauen glücklich machen und wer weiß – vielleicht damit so viel

Geld verdienen, dass sie sich eine Putzfrau leisten kann. Der Musiker kann aus der Pflichterfüllung ausscheren und sich hemmungslos seiner Musik und seinen Kompositionen widmen. Da ich die Musik von Amadeus kenne, weiß ich, dass seine Lieder viele Menschen glücklich machen würden. Bisher kennen ja nur wir sie, aber seine Lieder sind wunderschön.

Hier noch ein Beispiel, mich betreffend. Ich habe kürzlich vor dem Bahnhof Salzwedel eine Holzhütte aufgestellt, in der ich frühmorgens Coffee to go verkaufe. Die Hütte hat mich alles in allem, mit allen Genehmigungen, Auflagen, Ausstattungen gut und gerne 2000 Euro gekostet. Eine Summe, die ich niemals mit der Hütte wieder einnehmen kann. Meine Einnahmen belaufen sich auf ungefähr 20 Euro pro Tag oder weniger. Bis ich da den Break Even erreicht hätte, habe ich längst schon das Bahnhofscafé eröffnet, wie es nach Abschluss der Renovierungen im Bahnhofsgebäude geplant ist.

Warum hab ich das dann überhaupt gemacht? Mein IMA und so manch anderer hat mir gesagt, das sei doch Wahnsinn. Aber Wahnsinn ist es nur und einzig und allein vom kaufmännischen Standpunkt aus. Bei diesem Standpunkt geht es um die Vermehrung von Geld.
Wenn ich aber andere Standpunkte einnehme, wenn ich nicht Geld vermehren will, sondern Lebensfreude oder Kraft oder menschliche

Kontakte oder Beziehungen oder Entwicklungs-
möglichkeiten oder Spaß, dann gewinnt immer die
Hütte.

All das will der IMA aber nicht. Es soll keine
Entwicklung von Liebe, Freude, Freiheit oder Kraft
stattfinden.
Warum nicht? Was ist daran falsch?
Es hängt mit der inneren Natur des IMA
zusammen. Der IMA ist ja in Wirklichkeit keine
eigenständige Persönlichkeit, auch wenn ich hier
die ganze Zeit über so von ihm schreibe. Der IMA
ist ein gesellschaftliches Korrektiv. Ein in dir
eingebauter Mechanismus, der dich zu einer
einfachen, nicht störenden, der Gesellschaft
dienenden, funktionierenden Persönlichkeit
machen soll.

Willst du etwas tun oder sein, dass diesem Plan
zuwiderläuft, wirst du geschwächt, entmutigt und
in Selbstzweifel gestürzt. Es ist durchaus natürlich,
dass die Gesellschaft funktionierende Menschen
braucht. Du weißt schon, da spukt dieser
Gegenteilgeist in uns herum und schreit: Anarchie!
Wir hätten Anarchie, wenn jeder einfach aus der
Reihe tanzt.
Aber wir hatten ja weiter oben bereits festgestellt,
dass der Gegenteilgeist sich irrt.

In früheren Zeiten brauchten wir noch gar keinen
IMA in uns. Da lebte der IMA im Außen. Da gab es

Richter und Inquisitoren, die dir das Fell über die Ohren zogen, wenn du gewagt hast, eigenständig zu denken. Da wurden Menschen getötet, auf dem Scheiterhaufen verbrannt, weil sie zu behaupten wagten, die Erde sei keine Scheibe, sondern eine Kugel. Die Gesellschaft hatte ihre festgelegten ausführenden Organe, um Entwicklung, Freiheit und Individualität unter Kontrolle zu halten und zu unterbinden, so gut es geht.

Zum Glück hat das nicht vollständig funktioniert, sonst dürfte ich dies hier heute nicht schreiben. Sagenhaft, wie mutig einige Menschen früher gewesen sein müssen, dass sie sich solcher Grausamkeit widersetzt haben, nicht wahr? Mut ist auch so eine Qualität, die der IMA gar nicht mag. Deshalb hält er uns gern in Angst.

Aber wir leben jetzt in ganz anderen Denkwelten und Situationen. Jene Eigenschaften wie Mut, Kreativität, Individualität werden heute gebraucht. Alles verändert sich. Noch in den fünfziger Jahren wurde von einem guten Mitarbeiter eher erwartet, sich anzupassen und zu gehorchen. Heute suchen wir nach Mitarbeitern, die selber denken können. Es wird Zeit für einen menschlichen Durchbruch hin zu viel mehr Eigenständigkeit, Lebensfreude und Freiheit.

Ich glaube, dass eben jene Qualitäten, die so lange unterdrückt worden sind und die der IMA immer noch zu unterdrücken versucht, gerade jene sind, die unser Überleben als menschliche Rasse auf diesem Planeten sichern. Es liegt eine Menge im Argen mit unserer Welt. Wir brauchen jetzt kreative Geister, die sich tolle alternative Lösungen für unsere Probleme ausdenken können. Wir brauchen auch jene mutigen, sozialen Menschen, die sich so großartige Sachen ausgedacht haben wie das Konzept der gewaltfreien Kommunikation (Marshal Rosenberg), den prozessorientierten Schamanismus (Arnold Mindell), Mediation (Anita von Hertel) und die Weltarbeit (World Work, Max Schuppach).

Diese und viele andere Menschen bringen uns völlig neue Formen des Umgangs mit Konflikten, mit unseren Mitmenschen und auch mit uns selbst. Es ist ja noch gar nicht so lange her, da kannten wir nur Unterdrückung und Gehorsam. Nun hat sich in der Welt so viel verändert. Die Ideen von Freiheit, Selbstbestimmung und Individualität gelangen über das Internet selbst in die verbohrtesten, stursten Regionen dieser Erde. Unser IMA ist uns keine Hilfe, wenn wir noch nicht recht wissen, wie wir mit all dem umgehen sollen.

Was wir tatsächlich brauchen, sind ganz neue soziale Vorstellungen, Konzepte und Ideen, die der ganzen neuen Freiheit Rechnung tragen – und die die Freiheit auch noch ein wenig durchboxen helfen, denn es gibt genügend Widerstände in der

Gesellschaft gegen so viel Freiheit und Selbstbestimmung.

Dafür brauchen wir dich.

Wir brauchen deine Kreativität, deine Ideen, deine
Träume. Das gesellschaftliche Korrektiv in dir
entstammt anderen Zeiten, die anders
funktionierten. Es ist nicht geeignet, dir in der
heutigen Zeit behilflich zu sein. Früher hat der IMA
dich beschützt. Wenn er dich dazu gebracht hat,
vor lauter Angst nicht aufzumucken, wenn dein
Vater dich mit einem fünfzig Jahre älteren Kerl
verheiratet hat, dann kam auch nicht der Büttel in
euer Haus, holte dich nicht zu einem Verhör ab, du
wurdest nicht gefoltert, geschlagen und verbrannt.
Schon mal gut, soweit.

Jetzt hat sich der IMA überlebt. Angst ist nicht
mehr hilfreich und sichert dein Überleben nicht,
bringt dich eher in Therapie als sonst wo hin.
Selbstzweifel hemmen deine Kraft und verhindern,
dass du deinen Weg gehen kannst. Schuldgefühle
machen dich zum Opfer. Das alte IMA-Konzept
funktioniert nicht mehr als Helfer in Überlebens-
fragen. Es gibt aber noch kein neues. Vielleicht
kannst du es ja erfinden? Vielleicht ist es ja gerade
dein Beitrag, der ganz wesentlich dabei hilft, dass
wir alle besser klar kommen?

Vielleicht auch nicht. Vielleicht wirst du einfach nur glücklicher ohne deinen IMA. Das alleine scheint mir schon ein ausrechender Grund zu sein, sich vom IMA zu trennen.

Doch zurück zum Seminar

Kapitel 5
Unsere Zweifel ausräumen

Auf der Suche nach deinem wahren Willen folge der Spur der Freude, nicht der Pflicht.
Aus dem Buch "Keine Liebe ohne Hoffnung"

Selbst nachdem wir das alles ganz klar verstehen, bemerken wir Zweifel in uns. Ist das wirklich alles so richtig? Brauchen wir den IMA nicht vielleicht doch? Dem widmen wir uns als nächstes.

Wir machen ein Rollenspiel zu zweit. Jeder spielt einmal den IMA des anderen. Es geht darum, den IMA ernsthaft zu überzeugen, dass er uns in Ruhe lassen soll. Denn wenn dein IMA überzeugt ist, bist du es auch. Ein Pärchen setzt sich ins Hinterzimmer, eines sitzt in der Küche, und eines bleibt im Wohnzimmer. Ich bewege mich zwischen den drei Bereichen hin und her.

Ziemlich schnell landen wir wieder beim Thema Verantwortung. Freya und Undine erkennen das als erste. Sie kommen an ihrem Platz in der Küche nicht mehr weiter und bitten mich um Unterstützung. Wenn wir keinen IMA mehr haben, dann müssen wir alle unsere Entscheidungen selbst verantworten. Können wir das? Trauen wir uns das schon?

Da gibt es kein „Ich habe getan, was das Richtige war" mehr, denn wir können gar nicht wissen, was richtig ist. Wir sind gezwungen, Entscheidungen zu treffen und zu hoffen, dass sie gut sind. Kein IMA, der uns sagt, was wir tun sollen.

Undine fühlt sich noch nicht in der Lage, den IMA loszulassen. Sie hat kein Vertrauen darin, dass es wirklich auch ohne ihn geht. Wir sprechen ein wenig darüber, versuchen Undines IMA zu überzeugen, kommen aber nicht weiter. Auf einmal habe ich eine Eingebung, so ein blitzartiges Verstehen: Hier ist der Anschluss zu unserem Thema vom Vortag, als wir da auch mit Undine nicht weitergekommen sind. Ich habe im Kopf noch den Tipp von Gitta, wie wir hier weiter vorgehen können.

Undine, immer abenteuerlustig und zu allem bereit, versetzt sich wieder in das Gefühl vom gestrigen Tag, als sie plötzlich aus der Band ausgestiegen ist. Sie stellt sich hin und versucht dieses Gefühl im Körper zu bewegen. Schnell werden ganz viele Bewegungen daraus, die sie wiederholt und wiederholt. Sie sieht dabei aus wie jene Windmännchen, die vom Wind bewegt, wild und hektisch ihre Arme bewegen. Nach einer Weile kann sie beschreiben, was in ihr vorgeht.

Sie hat das Gefühl, an einem Platz im Leben festgewachsen zu sein. Dort bewegt sie sich und macht ‚das Beste daraus', macht alles, was man von diesem Platz aus machen kann. Es bringt sie aber nicht weiter. Das ist ihr Lebensgefühl. In der Band gestern fühlte sie sich vermutlich ebenso, nur dort konnte sie den Platz wechseln. Im Leben scheint es nicht zu funktionieren.

„Was würde passieren, wenn du diesen Platz verlassen würdest?", frage ich sie. Sie bekennt, dass ihr das Angst macht. Der festgewachsene Platz ist vertraut und bekannt. Dafür kann sie die Verantwortung übernehmen. Wenn sie jedoch frei beweglich wäre, trüge sie Verantwortung für einen weit größeren, unübersichtlichen Bewegungs- spielraum. Sie versucht, die Kraft zu erfühlen, die sie an den Ort bindet. Aber es gelingt ihr nicht so recht.

Ich glaube, ich sollte diese Übung einmal genauer erklären. Wenn du zum Beispiel ein unangenehmes Gefühl hast, mit dem du nicht gut klarkommst, dann kannst du hier den „Kanal" wechseln, indem du das Gefühl einmal im Körper ausdrückst. Also wenn du etwa wütend bist oder traurig, dann stellst du dich in deinem Zimmer hin und drückst diese Wut oder Traurigkeit mit einer Hand- bewegung aus oder auch einer ganzen Körperbewegung. Handbewegungen sind anfangs meistens einfacher.

Dann wiederholst du diese Bewegung immer wieder, wobei du sie auch vergrößern kannst. Aus einer kleinen Handbewegung kann auch eine Armbewegung und schließlich eine ganze Körperbewegung werden. Du musst aber die ganze Zeit über darauf achten, dass du bei dem Gefühl bleibst und immer noch das Gefühl ausdrückst mit deinen Bewegungen. Sehr sinnvoll ist es, wenn noch jemand dabei ist und dich beobachtet. Diese Person kann dann ihre Beobachtungen mitteilen. Beispielsweise war es meine Beobachtung, dass Undine wie ein Windmännchen aussieht.

Irgendwann, nachdem du vielleicht schon eine ganze Weile lang diese Bewegung wiederholt hast, steigt eine Einsicht in dir auf oder sie wird durch eine Bemerkung deiner Unterstützerperson ausgelöst. So war es auch hier bei Undine. Sie erkennt, dass sie so ihr ganzes Leben verbringt, wie ein Windmännchen. Die Windmännchen stehen auf ein und demselben Platz und machen extrem hektische Bewegungen, die aber keinerlei Bedeutung haben. So lebt Undine. Da ist Bewegung, da ist auch mitunter Hektik, sie tut sehr viel, gibt sich sehr viel Mühe, aber es ist bedeutungslos und führt sie nicht dahin, wo sie gern hin will.

Das bestärkt meine Vermutung, die ich schon lange habe, nämlich dass Undine überhaupt nicht auf ihrem richtigen Platz ist. Sie befindet sich auf einem ihr gewissermaßen „zugewiesenen" Platz im Leben und macht das Beste draus. Es ist aber nicht der Platz ihrer eigenen Wahl. Um ihn finden zu können, muss sie es riskieren, den verwurzelten Platz zu verlassen, auch wenn sie noch keine Ahnung hat, in welche Richtung sie dann gehen will.

Die Abenteuerlust in ihr sagt sofort: „Ja, das mache ich mal." Aber nachdem sie einen Fuß bewegt hat, kommt die Angst hoch und bremst sie. Aufmerksame Leser haben hier sicherlich eine Sache schon längst ganz deutlich erkannt: Wir erschaffen uns unser Schicksal immer selber! In diesem Fall sind es Undines Ängste, die sie daran hindern, den angestammten Platz zu verlassen und den frei gewählten Platz im Leben zu suchen. Wir sind es immer selbst, und es ist immer ein Segen, dies zu erkennen.

Undine kämpft noch eine Weile mit sich selbst und entschließt sich dann, ihren Platz wirklich zu verlassen, es zu riskieren, sich ins Abenteuer des Lebens zu stürzen. Dies symbolisiert sie durch eine entschlossene Schrittbewegung weg von dem festen Platz.

Ich denke, die Unzufriedenheit, die sie gestern bei der Band-Übung empfunden hat, war die Unzufriedenheit, die sie schon ihr ganzes Leben lang unbewusst mit sich herum schleppt.

Es war ihr ja bis eben gar nicht klar, dass sie sich an einem Platz im Leben festgewachsen fühlt, mit dem sie nicht zufrieden ist. Das sind Einsichten und Erkenntnisse, die erst durch diese Übungen überhaupt ans Licht gekommen sind. Bis dato glaubte sie, sich ihren Platz im Leben selbst gewählt zu haben und strengte sich an, etwas zu erreichen, im Leben etwas zu erschaffen. Aber alles, was sie anfing, hörte immer sehr bald auf, ihr Spaß zu machen.

Wer hat ihr denn eigentlich diesen Platz zugewiesen? Ich denke, das entsteht durch Erziehung, gesellschaftliche Stellung, die Ratschläge unserer Vorbilder, durch Umstände, durch Möglichkeiten und Unmöglichkeiten. Auch die Rolle, die sie in ihrer Familie von Anfang an gespielt hat, nämlich das Aschenputtel, schlägt sich nieder. Aus all diesen Gegebenheiten entwickeln wir ein Bild von uns selbst und von unseren Möglichkeiten. Damit legen wir dann los.

Einige junge Menschen haben dabei eine so geringe Meinung von sich selbst und ihren Möglichkeiten, dass sie sich gar nichts zutrauen. Andere fühlen große Kraft in sich und wollen hoch hinaus. So begeben wir uns in das Leben, und das Spiel beginnt. Dabei können wir unglaublich viel lernen und erkennen, zum Beispiel, dass wir uns geirrt haben und unsere Möglichkeiten weitaus größer sind, als wir dachten. Das ist nur eine von unzähligen Erkenntnissen, die uns das Leben zu bieten hat.

Undine erkennt, dass sie ohne es zu merken, das alte Aschenputtel-Spiel ihrer Familie weiter gespielt hat. Aschenputtel wird von ihrer Stiefmutter ja auch auf einen ganz bestimmten Platz verwiesen, nämlich in die Asche vor dem Kamin. Dort ist ihr Schlaflager. Undines zugewiesener Platz war die Bedeutungslosigkeit und Unsichtbarkeit. Während sie in ihrem Leben viele Schritte getan hat (die hektischen Bewegungen des Windmännchens), hat sie den Platz „du bist unsichtbar und unwichtig" nie verlassen.

Sie ist dort nicht steckengeblieben, weil sie etwa dumm ist. Das ist sie durchaus nicht. Aber ohne Unterstützung kann das Verborgene oft nicht ans Licht kommen. Meine Freunde wissen das alle. Der „Ich kann das allein" - oder der „Andere können mir nicht helfen"-Standpunkt ist übrigens auch so einer, der dich nirgendwo hinführt. So ein Standpunkt ist aber nun wirklich auch dämlich. (Ja, da ist sie wieder die politisch unkorrekte Kim, die gegen den Appell ihres IMA einfach solche Sachen sagt. Jeah!) Es hilft, sich jemand Kompetentes zu suchen und sich unterstützen zu lassen. Kluge Leute lassen sich helfen.

In allen Räumen finden nun kleine Durchbrüche statt. So allmählich gelingt es uns, uns vom IMA zu befreien. Jetzt fehlt nur noch ein passendes Ritual, das diese Ablösung auch für unsere Seelen spürbar symbolisiert. Früher in meinem Seminarhaus wären wir jetzt in den Garten gegangen und hätten ein Feuerritual gemacht. Ich habe aber keinen Garten mehr, deshalb hab ich mir etwas Neues einfallen lassen.

Wir holen uns eine neue, unberührte Rolle Klopapier aus dem Bad und jeder schreibt seine IMA-Appelle auf Klopapier. Für jeden Appell ein Blatt. Ich schreibe auf mein Blatt: „Du musst immer zum Wohle aller Wesen sprechen und handeln." Nun brauchen wir noch einen machtvollen rituellen Spruch. Da es sich um eine sehr fortgeschrittene Gruppe handelt und jedes Gruppenmitglied eine mehrjährige Schamanenausbildung absolviert und beendet hat, gebe ich diesen Spruch nicht vor. Jeder kann seinen eigenen Spruch finden.

Amadeus blödelt: "Hasta la Vista, Baby." Das hat Arnold Schwarzenegger einst in "Terminator" gesagt, bevor er seinen Erzfeind endgültig vernichtete. Der Satz wurde berühmt. Die Radio-moderatoren seinerzeit hatten viel Spaß mit Schwarzeneggers beiden markigen Sätzen: „Hasta la Vista, Baby" und „I'll be back" (Ich komme wieder). Bei jeder Gelegenheit wurden diese beiden Sätze eingespielt, etwa am Ende der Sendung oder vor der Werbepause. Das hat mir damals schon sehr viel Spaß gemacht. Heute wähle ich diesen Satz für mich als meinen persönlichen Ritualspruch.

Ich liebe den Humor von Amadeus. Eigentlich sollte es nur ein Witz sein, aber ich nehme den Spruch wirklich. Auch die anderen haben kein Problem damit, ihre rituellen Sprüche zu finden. Dann gehen wir einer nach dem anderen ins Bad und spülen unsere Papierchen mit dem jeweiligen rituellen Spruch in der Kloschüssel runter. Das klingt jetzt bestimmt lustig, aber es hat eine bemerkenswerte Wirkung auf unsere Seelen. Du kannst es ja auch mal ausprobieren, wenn du etwas wirklich loslassen willst.

Wir lassen unseren IMA endgültig los. Irgendjemand, ich weiß nicht mehr wer, wählt den Satz „Du hast keine Macht über mich". Auch ein guter Ritualspruch. Dieser Satz stammt aus dem Film „Das Labyrinth" mit David Bowie. Auch die anderen finden kraftvolle Sätze, um ihr kleines Loslassritual damit zu begleiten.

Als ich an der Reihe bin, schließe ich die Badezimmertür hinter mir und gehe in eine kurze Andacht. Ich lasse alles, was wir im Seminar miteinander gearbeitet haben, noch einmal Revue passieren. Dann nehme ich mein Stückchen Klopapier und lese noch einmal laut vor, was darauf geschrieben steht:

> Der IMA sagt: „Du sollst immer zum Wohle aller Wesen handeln und sprechen."

Dann lasse ich das Blatt in die Kloschüssel fallen und sage laut mit Arnold Schwarzenegger Intonation „Hasta la Vista, Baby" und bediene die Spülung. Andächtig schaue ich zu, wie der Wasserflusch das Papier ergreift und in die Tiefe zieht. Der wird nicht zurückkommen.

Jetzt sind wir frei vom IMA. Das heißt aber nicht, dass der IMA es nicht weiterhin mit uns versuchen will. IMA ist auch eine Gewohnheit in uns. Aber durch das Seminar (und du jetzt auch durch die Lektüre dieses ganzen Buches) haben wir Bewusstsein gesammelt. Wir sind uns jetzt der Tatsache bewusst, dass da ein gesellschaftliches Korrektiv in unseren Köpfen herum spukt und uns in der Spur halten will. Das ist eine große Hilfe. Wir sind jetzt keine leichten Opfer mehr.

Wenn der IMA versucht uns zu behindern, können wir das jetzt sofort bemerken und uns ganz bewusst umdrehen und nach der Gegenbotschaft suchen. Hierfür habe ich noch ein tolles Beispiel, das sich zwar schon früher abgespielt hat, aber trotzdem genau das eben Gesagte demonstriert.

Im September (2017) fand das alljährliche Kulturfestival „Wagen und Winnen" statt, und die Hauptausstellung sollte hier im Bahnhof sein. Bei Wagen und Winnen stellen viele Künstler an unterschiedlichen Orten der Altmark Kunst auf ihren Höfen und in ihren Ateliers aus. Leute, die dafür ihre Läden oder Höfe zur Verfügung stellen, sind die Hofpaten. Ich war auch Hofpatin und wollte Kunst in meinem Café (Café Anhalt) hier im Bahnhof ausstellen. Als ich mich dafür anmeldete, hat niemand damit gerechnet, dass sich die Renovierungsarbeiten am Bahnhof so lange hinziehen würden.

Das Café Anhalt hätte längst eröffnet sein sollen, war es aber nicht. Der Bahnhofsbesitzer wollte seine Erlaubnis aber auch nicht zurückziehen und so durften wir das Café und alles, was zu „Wagen und Winnen" noch dazu gehörte (Bühne, entsprechende Technik und so weiter) in der Baustelle im Bahnhof aufbauen und eröffnen. Das erwies sich als schier irrsinnige Arbeit. Ich habe schon zahlreiche Events organisiert, aber dies war die härteste, traumatisierendste Arbeit meines Lebens.

Ich bin ja nun auch schon sechzig Jahre alt, da schleppt man nicht mehr so leicht Möbel durch die Gegend wie mit dreißig. Und es war ein schier irrsinniges Geschleppe und Geräume. Es gab auch einige Helfer, aber die Arbeit erwies sich als so gewaltig, dass es eigentlich für jeden zu viel war. In dieser ganzen Turbulenz schaltete sich mein IMA ein und sagte zu mir: „Was du tust, ist falsch. Wieso planst du ein Event, das du nicht allein bewältigen kannst? Sieh nur, all diese Menschen müssen dir jetzt helfen."

Ich fragte mich, was denn die Gegenbotschaft dazu sein könnte und kam darauf, sie folgendermaßen zu formulieren: „Es ist gut für all diese Menschen, mir zu helfen".

„Das ist echt dreist", sagte mein IMA, und ich hatte Angst, er könne damit Recht haben. Ein Zurück gab es zu diesem Zeitpunkt jedoch gar nicht mehr. Jetzt mussten wir durchziehen. Die Selbstzweifel schwächten mich gehörig, was ich unter jenen Umständen gar nicht gebrauchen konnte.

Einfach zu behaupten, es wäre gut für die anderen, mir zu helfen, erschien mir selbst auch ganz schön dreist. Kann denn so etwas möglich sein?
Kurz nach dem Event kam die Antwort auf diese Frage direkt in meine Wohnung. Eine Frau besuchte mich, die mir in der Vorbereitung sehr viel geholfen hatte und sie berichtete mir das Folgende:

Auch sie war eine Hofpatin und hatte bei „Wagen und Winnen" ein Event auf ihrem Hof. Auch sie hatte sehr viel vorzubereiten und zwar zusätzlich zu der tapferen Hilfe, die sie mir angedeihen ließ. Im Gegensatz zu mir hatte sie aber früher nie Hilfe angenommen. „Ich hatte so ein Muster", berichtete sie mir, „dass ich mich wie eine Versagerin fühlte, wenn ich nicht alles allein geschafft hatte. Andere Leute für mich schuften zu lassen, war für mich immer ein absolutes NoGo. Und dann habe ich gesehen, wie du das machst. Du nimmst jede Hilfe einfach an. Das hat mich beeindruckt. Als dann „Wagen und Winnen" lief, da ging auf unserem Hof vieles schief. Ich hatte einige richtige Pannen, die ich mir früher nie hätte durchgehen lassen. Es ist sogar passiert, dass uns während der Veranstaltung das Essen ausging, obwohl noch ganz viele Gäste da waren.

Einer der Gäste sagte dann, er hätte noch Kartoffeln, und dann habe ich das einfach angenommen. Wir sind dann alle zusammen in unsere Küche gegangen, haben Kartoffelsuppe gekocht und sie zusammen am Lagerfeuer gegessen. Dabei ist eine so schöne Gemeinschaft entstanden, und die Stimmung war so toll, wie ich es mir immer gewünscht hatte. Vorher habe ich so eine Stimmung immer erreichen wollen, aber ohne es je zu schaffen. Mir ist klar geworden, dass es diesmal nur passieren konnte, weil ich bereit war, Hilfe anzunehmen. Das habe ich mir bei dir abgeguckt"

Ihr liefen ein paar Tränen übers Gesicht, als sie mir das erzählte, und ich selber war auch fast am Weinen, so berührte mich diese Geschichte. Ich fühlte mich dankbar, unglaublich dankbar, dass irgendwelche höheren Kräfte tatsächlich einen Weg gefunden hatten, mir zu beweisen, dass der Umkehrschluss richtig war: Es ist gut für die Menschen, wenn sie mir helfen! Unglaublich aber wahr! Natürlich war ich auch dieser Frau sehr dankbar, dass sie so lieb gewesen ist, extra deswegen zu mir zu kommen und es mir zu berichten. Diese Information hatte ich gebraucht.

Warum ist es gut für die anderen, mir zu helfen?
Weil es immer gut ist, wenn wir anderen Menschen
helfen, solange wir dabei nicht ausgenutzt werden.
Wenn wir Helfer sind, entsteht in uns Kraft,
Großzügigkeit, Freundlichkeit, Fürsorglichkeit. Das
stärkt uns den Rücken, das richtet unsere Seelen
auf. Jeder, der schon einmal wirklich einem
anderen Menschen geholfen hat (ohne ihn dabei zu
entmachten), kennt dieses Gefühl und die Kraft, die
sich ausbreitet.

Ich selbst helfe auch oftmals anderen, weil ich das
einfach richtig und angemessen finde. Allerdings
schleppe ich keine Möbel mehr für andere. Dazu
fehlt meinem Körper jetzt die Kraft, aber es gibt
doch so vieles andere, was ich tun kann. Und hier
war es eben umgekehrt, ich war diejenige, der
geholfen wurde. Vertraue dem Umkehrschluss!

Doch noch einmal zurück zum Seminar.
Einige der Teilnehmer haben jetzt das Gefühl, vor
einem riesigen Berg Arbeit zu stehen. Sie haben in
ihrem Leben so oft auf den IMA gehört, dass sie
sich jetzt in ungeliebten und ungewollten
Lebenssituationen befinden.

„Ich kann jetzt doch nicht einfach meinen Job
aufgeben", sagt Dragut, „ich muss doch für meine
Familie sorgen." Wir denken gemeinsam darüber
nach. Was kann man tun? Auf alle Fälle erscheint es

uns nicht richtig, einfach alles hinzuschmeißen. Das geht natürlich auch, aber dann konfrontieren wir uns auf einen Schlag mit so vielen Schwierigkeiten, die wir dann alle irgendwie bewältigen müssen. Es muss da einen besseren Weg geben.

Wir gelangen zu der Ansicht, dass es besser ist, sich erst einmal einen eigenen kleineren Freiraum zu erschaffen. Vielleicht einen Tag in der Woche, an dem wir nicht der Pflicht folgen, sondern dem freien Willen. Den Geldverlust kann man noch verschmerzen oder auf andere Weise ausgleichen. Manche Leute können das nicht. Sie geraten förmlich in Panik bei dem Gedanken, weniger Geld zu haben. Aber echt jetzt, das muss doch nicht sein. Man kann durchaus mit weniger auskommen.

Und in der frei werdenden Zeit folgen wir unseren inneren Impulsen. Auch das kann sich anfangs schwierig gestalten. Viele, viele Menschen haben schon zu mir gesagt, dass sie gar keine Impulse haben. Mir selbst ging es lange Zeit ebenso. Ich hatte Zeit, wusste sie aber nicht zu nutzen. Vor dem Fernseher sitzen und mir Serien anschauen, ist überhaupt nicht mein Ding. Ich wollte schöpferisch sein, produktiv, wollte irgendetwas erschaffen.

Dabei habe ich entdeckt, wie man zu seinen Impulsen gelangt. Also als erstes musst du auf deine eigenen Fluchtmechanismen achten. Dieses Gefühl, nicht zu wissen, was man tun will, ist uns

Menschen nämlich unangenehm. Wir neigen dazu, uns vor dieser Erfahrung zu drücken, indem wir irgendetwas machen wie fernsehen, Computerspiele spielen, stundenlang mit Freundinnen telefonieren, einkaufen, Schundromane und Zeitschriften lesen.

Um deinen wahren Willen zu finden, musst du dir zumindest für eine Weile zumuten, gar nichts zu tun, wenigstens zwei Stunden am Stück. In dieser Zeit sitzt du da und spürst in dich hinein, was sich regt. Es regen sich natürlich die Fluchtmechanismen. Die erkennst du und gibst ihnen nicht nach. Dann irgendwann stellen sich ganz kleine minimale Impulse ein. Ich hatte seinerzeit zum Beispiel dem Impuls, in die Küche zu gehen und die Geschirrspülmaschine auszuräumen. Ich folgte diesem Impuls, aber ich räumte nur zwei Tassen in den Schrank, dann war der nächste Mikroimpuls da, der mich veranlasste, die Wäsche von der Heizung zu nehmen. Sobald ich mich mit den drei Wäschestücken zum Kleiderschrank bewegt hatte, kam der nächste Impuls und brachte mich dazu, mal wieder Staub zu wischen. Auch dies tat ich nur ganz kurz, denn ein neuer Impuls führte zu einer anderen Handlung.

Der IMA will sich natürlich einmischen und sagen: „Nun mach doch mal etwas zu Ende", aber ich folge nicht dem IMA, sondern den winzigen Impulsen aus meinem wahren Willen. Eine Weile lang habe ich mich an meinen freien Tagen auf diese Weise durch die Wohnung bewegt. Mit der Zeit wurden die Willensimpulse aber stärker und dauerten länger an und irgendwann hatte ich schon richtige Willen, die mich zunächst durch einen ganzen Tag brachten, dann später durch mehrere Tage und schließlich durch ganze Projekte.

Nach außen hin für andere sieht es nicht wie etwas Besonderes aus. Sie machen ja gleiche oder ähnliche Dinge. Sie räumen auch ihre Geschirrspülmaschine aus und ein, legen die Wäsche zusammen, wischen Staub und so weiter. Sie haben auch Projekte, die sie durchführen. Der Unterschied ist innen.

Es ist für dich ein großer Unterschied, ob du diese Dinge tust, weil der IMA es dir befielt oder weil du selbst es willst. Es ist ein großer Unterschied, ob du ein Projekt durchziehst, weil das halt deine Arbeit ist, oder weil dein eigener freier Wille es sich wünscht. Und es ist auch ein großer Unterschied, ob du dir einen Film im Fernsehen anschaust, weil du auf der Flucht vor dir selber bist oder weil du einen echten Wunsch verspürst, genau diesen Film jetzt zu sehen.

Wir beschäftigen uns mit der Frage, worin denn da der Unterschied besteht, und dabei schließt sich der Kreis, den wir zu Beginn des Seminars eröffnet haben.

Der Unterschied ist die Freude.

Tust du etwas, weil dein IMA es verlangt, dann fühlst du dich geschwächt, ängstlich, voller Selbstzweifel, du schleppst dich durch dein Leben und hältst dich an der Hoffnung auf den nächsten Urlaub fest. Urlaub! Eine kurze Auszeit vom IMA und seinen Forderungen. Ist der Urlaub zu Ende, begibst du dich wieder unter dein Joch und schleppst dich weiter durch dein Leben.

Tust du etwas, weil du es willst, weil ein freier Wille in dir den Wunsch danach verspürt, dann bereitet es dir Freude, gibt dir Kraft, lässt dich wachsen, schenkt dir Gelegenheiten, Chancen und Kontakte. Es wird einfach alles anders. Du gehst dann nicht mehr in Hektik einkaufen, sondern hast Spaß daran, schlenderst durch den Supermarkt, freust dich an jedem Apfel, den du kaufst, triffst Bekannte im Laden, setzt dich mit ihnen auf eine Tasse Kaffee zusammen, erfährst Neuigkeiten.

Andere Menschen, die dich dabei sehen, erkennen nur eine Frau, die einkauft. Für sie ist der Unterschied nicht sichtbar, aber für dich ist er fühlbar.

Aus den Kontakten, die sich so ergeben, entsteht Neues für dich. Vielleicht erzählt dir jemand von einem Schreibwettbewerb, und auf einmal bekommst du Lust, dich daran zu beteiligen. Du setzt dich zuhause hin und schreibst eine

Kurzgeschichte. Während des Schreibens bist du glücklich, aufgedreht, begeistert, weil du auf einmal so etwas Tolles und Außergewöhnliches tust.

Vielleicht wird deine Geschichte wirklich angenommen und erscheint in einem Kalender. Du kaufst diesen Kalender und schenkst ihn all deinen Freunden zu Weihnachten. Einige Zeit später schreibt dich eine unbekannte Frau an und berichtet dir, wie tief deine Geschichte sie berührt hat. Du freust dich, weil du erkennst, du hast etwas bewegt. All das hätte mit dem IMA nicht passieren können.

Der IMA hätte dich dazu gebracht, hektisch durch den Laden zu hetzen: „Sei eine gute Mutter, kümmere dich um deine Kinder, trödel nicht herum." Vielleicht hättest du die Freundin deswegen überhaupt nicht getroffen. Vielleicht hättest du sie dennoch getroffen, dir aber nicht die Zeit genommen, mit ihr einen Kaffee zu trinken, denn IMA sagt dir ja, du sollst nicht trödeln und dich um deine Kinder kümmern. Du hättest gar nicht von dem Schreibwettbewerb erfahren. Und wenn doch hätte der IMA dir das Schreiben sofort wieder ausgeredet.

All die schönen, spannenden und guten Dinge können mit dem IMA nicht stattfinden. Du lebst dann für deine Pflicht und nicht für deine Freude.

Aber es ist die Freude, die uns neue, aufregende Dinge tun lässt, wie etwa eine Geschichte schreiben, ein Gedicht verfassen, ein Bild malen, ein Lied komponieren, Französisch lernen, einen Trommelkursus mitmachen, einen kleinen Film drehen, Kräuter sammeln gehen, im Sportstudio einen Trampolinkursus buchen, in eine Laienspielgruppe eintreten, ein Seminar besuchen, ein Kleid nähen, selbst eine Handtasche entwerfen und sie herstellen, ein Mosaik kleben, sich selbst etwas zutrauen und all die vielen schönen Dinge mehr, die es gibt.

All diese kreativen, lustigen oder spannenden Beschäftigungen kommen aus der Freude. In der Pflicht gibt es keinen Platz für sie. Hier ist eine ganze Welt, in die du eintreten kannst, wenn du deinen IMA im Klo runterspülst. Das ist die Antwort auf die Frage nach dem Unterschied.

Es wird noch eine Frage gestellt: Was ist, wenn der Impuls des wahren Willen jemandem rät, etwas zu stehlen oder gar einen anderen zu töten?

Auf diese Frage gibt es keine leichte Antwort, obwohl - doch schon: So ein Impuls kommt niemals aus deinem wahren Willen. Der wahre Wille ist ein tiefer, ja heiliger Bereich in deiner Seele. Er hat nichts zu tun mir unserem Ego. Dein wahrer Wille ist immer an deinem Wohl und deiner Entwicklung interessiert, und es tut dir weder gut zu stehlen noch zu töten. Bei solchen Handlungen geht etwas in deiner Seele kaputt, verhärtet, stumpft ab. Du nimmst dir etwas widerrechtlich, einen Gegenstand oder ein Leben, und in einem ganz anderen Bereich, tief in dir, musst du etwas dafür hergeben – immer!

Vielleicht verlierst du deine Sensibilität, deine Weichheit, Liebesfähigkeit oder auch ein Stück Bewusstsein. Es fällt sozusagen von dir ab. Hier hat nicht Entwicklung und Wachstum stattgefunden, sondern ein Verdorren. Das dient nicht deinem höheren Wohl, und dein wahrer Wille kann nicht daran interessiert sein, dass es dir so ergeht. Dein Ego aber schon.

Ego ist wie ein Kind. Es will alles haben und zwar sofort. Jeder Pädagoge weiß, dass es dem Kind nicht dienlich ist, alles zu bekommen und schon gar nicht sofort. Wenn du also solche Übungen machst, bei denen du versuchst, die zarten Impulse deines wahren Willen zu erspüren, wirst du wohl auch noch lernen müssen, sie von deinem Ego zu unterscheiden. Das ist jetzt die Stelle, wo die Antwort nicht mehr einfach ist.

Ego und wahrer Wille zu unterscheiden, will gelernt sein. Ich rate dir, sicherheitshalber nicht zu stehlen, niemanden zu töten oder zu verletzen. Obwohl, wenn du erst im Gefängnis sitzt, dann hast du wirklich viel Zeit, dich mit deinem wahren Willen zu beschäftigen. Falls du es aber doch lieber innerhalb deines normalen Lebens üben willst, halte dich einfach an die Gesetze. Das bringt dir auch Sicherheit für deine Übungen.

Es wurden im Laufe der Zeit eine Menge Bücher über das Thema Ego geschrieben. Dort kannst du dir Anregungen und Ideen holen, um besser damit klar zu kommen. Der Einwand ist mehr als berechtigt. Wir trennen uns vom IMA. Es wird dann niemand mehr da sein, um uns zu sagen, was gut und was falsch ist. Wir müssen selbst die Verantwortung dafür tragen und unserem Herzen folgen lernen. Das ist spannend, aber auch sehr ungewohnt.

Hochgradig inspiriert spielen wir noch einmal unser Lied, unseren Reggae und lassen den Abend dann ausklingen. Freya und Odyl müssen ihren Zug bekommen. Die anderen machen sich im Auto auf ihre jeweiligen Heimwege. Ich bleibe allein zurück und fühle mich gut. Selina springt auf meinen Schoß und greift sich mit beiden Pfötchen meine Hand. Das macht sie öfter, und ich finde es so niedlich. Sie schnappt sich meine Hand, umarmt sie und lässt sie einfach nicht wieder los, bis sie ganz tief eingeschlafen ist.

Kapitel 6
Nach dem Seminar

Es gibt nur zwei Kräfte, die dich zum Handeln bewegen: Wollen oder Müssen.
Aus "Werde Glücksbringer - Sieben Schlüssel zu den Türen deiner Kraft"

Am Dienstag schreibt Freya eine längere Mail und berichtet.

Sie hatte, geschwächt durch den IMA, schon längere Zeit ihre Post nicht mehr geöffnet. Kurz vor dem Seminar bekam sie dann einen Anruf ihres Vermieters, der ihr mitteilte, dass sie mit etwa 500 Euro im Rückstand war. Offenbar hatte das Arbeitsamt, das ihre Umschulung bezahlt, schon seit einiger Zeit nicht mehr die gesamte Miete überwiesen, sondern nur noch einen Teil.

Ihr IMA hatte ihr immer in den Ohren gelegen, nicht so eine Chaotin zu sein, und gerade das hatte sie so geschwächt und in Angst versetzt, dass sie sich gar nicht mehr um ihre Angelegenheiten gekümmert hatte. Jetzt, nach dem Seminar, hat sie sich tapfer diese Dinge vorgenommen und dabei noch mehr Schrecken entdeckt. Ihre Wasserrechnung war auch seit zwei Monaten nicht mehr bezahlt worden, der Stromanbieter drohte bereits mit Abschaltung, und ein Anwalt drohte mit letzter Mahnung.

„Ich hatte keine Angst oder Schuldgefühle", schreibt sie mir, „es war so, als würde ich in einem Büro sitzen und das alles ginge mich gar nichts an. Also nehme ich das Telefon und rufe überall an. Einige sind sehr nett, andere zickig. Es ist mir ganz egal. Dann habe ich den absolut irrsinnigen Impuls beim Arbeitsamt anzurufen um 17.30 Uhr. Ich hätte nie im Leben gedacht, dass da jemand rangeht.

Aber es meldet sich eine nette Frau, und alles löst sich auf.

Ich habe seit September kein Geld mehr für die Kinder bekommen. Der Zettel muss beim Amt verlorengegangen sein. Etwas anderes habe ich an falscher Stelle beantragt. Das wird mir jetzt doch bewilligt. Nur dass ich einen Teil der Miete hätte selber überweisen müssen, stand wohl in meinem 30-seitigen Bescheid.

Jetzt bin ich auf dem Rückweg vom Amt, wo zwei nette Ladies alles in die Wege leiten, damit ich das Geld bekomme, das mir zusteht.

Fazit:
Wenn man nicht mehr im Kerker angekettet ist, hat man auch kein Brett mehr vorm Kopf.
Ich war so felsenfest davon überzeugt, dass alles meine Schuld/Fehler/Verantwortung ist, dass ich nicht mal auf die Idee gekommen bin, dass es auch mal an anderen liegen kann.

Übrigens die Service-Hotline vom Jobcenter gibt es seit September (Montag bis Freitag 8.00 Uhr bis 18.00Uhr).

Ich freue mich über ihren Erfolg. Mittlerweile habe ich auch schon mit ihr telefoniert, und sie erzählte mir, dass es ihr jetzt viel besser geht. Die ewige Selbstbeschuldigung ist nicht mehr da. Der IMA hat keine Macht mehr über sie. Sie hat auch ihren Kindern davon erzählt, damit sie verstehen können, wieso ihre Mutter jetzt auf einmal das Gegenteil von dem sagt, was gestern noch richtig zu sein schien. Die Kinder haben in ihrem bisherigen Leben auch reichlich IMA-Appelle aus dem Munde ihrer Mutter vernommen. Jetzt sucht sie nach anderen Lebensmodellen auch für die Kinder. Sie fragt mich, wie sie ihrem älteren Sohn erklären kann, dass er zur Schule gehen muss, ohne dabei wie ein IMA zu klingen.

Bisher habe sie ihm immer gesagt: „Es ist deine Pflicht zur Schule zu gehen, und es ist meine Pflicht, das bei dir auch durchzusetzen." Das klingt ihr jetzt aber zu sehr nach IMA. Ich überlege, dann fällt es mir ein. Es liegt an dem Wort „Schulpflicht". Das Wort führt uns auf eine falsche Fährte. Genau genommen ist es ja eigentlich ein Schulrecht und so habe ich das auch immer gesehen. Nicht alle Kinder dieser Welt dürfen dieses Recht genießen. Es gibt Kinder, in deren Ländern oder Regionen es keine Schulen gibt. Wenn sich dort dann einmal etwas verändert und ein Lehrer auftaucht, der die Kinder unterrichten kann, dann kommen die Kinder begeistert von weit her. Sie sitzen hochmotiviert mit leuchtenden Augen da und lauschen auf jedes Wort, das der Lehrer spricht.

Diese Kinder sehen es nicht als Pflicht an, zur Schule zu gehen, sondern als ein Geschenk. Mit diesem Gedanken kann sie arbeiten. Sie hat ja auch wirklich hoch intelligente Kinder, die das verstehen können. Höchstvermutlich war die Unlust ihres Sohnes auf Schule auch gar nicht direkt von der Schule ausgelöst worden, sondern vom IMA und seinen schwächenden Appellen.

Amadeus berichtet mir eine Woche später am Telefon, dass sich eigentlich in seinem Leben gar nichts verändert hat. Er kommt auch nach wie vor zu spät, aber jetzt fühlt er sich nicht mehr so schlecht dabei. Er hat jetzt Spaß an seinem Leben und fühlt Freude und lässt sich von seiner Unvollkommenheit nicht mehr so niedermachen. Klingt gut für mich.

Auch ich selbst habe Veränderungen bemerkt. Mir sind versteckte IMAs aufgefallen, die schon immer auf mich eingeredet haben, die mir meine Arbeit madig machten. Sie waren immer da, aber so versteckt, dass ich sie einfach nicht bemerkt hatte. Jetzt wird es mir bewusst und ich spüle es im Klo runter. Manche IMAs sind sehr heftig und es bedarf intensiver Prozesse, um sich mit ihnen auseinanderzusetzen, aber andere sind kleine unwichtige IMA-Mitarbeiter, die man einfach so durch mehr Bewusstsein vom Tisch wischen kann. Auch ich fühle mich gut. Ich habe dieses Buch innerhalb von drei Tagen geschrieben. Das ging ganz leicht, weil mir kein IMA über die Schulter geblickt hat, um mir zu sagen, das sei doch alles sowieso nur Mist und ich solle lieber meine Buchhaltung machen.

Letzten Freitag, also fünf Tage nach dem Seminar habe ich meine Coffee-to-go-Hütte vor dem Bahnhof Salzwedel zum ersten Mal wirklich aufgemacht. Ich bin so gegen 4.45 Uhr aufgestanden und war um 5 Uhr in der Hütte. Dann habe ich etwa eine Stunde damit zugebracht, mehrere Liter Kaffee von Hand zu filtern - denn Strom habe ich dort keinen - und mich auch erst einmal zurechtzufinden.

Um 6 Uhr habe ich dann die Fenster aufgemacht und das Geöffnet-Schild aufgestellt. Ich hatte von 6 Uhr bis etwa 11 Uhr geöffnet. Schon ab 10 Uhr tat sich nichts mehr. Die letzte Stunde habe ich nur in der Hütte gesessen und gelesen. Eingenommen habe ich so um die zwanzig Euro. Trotzdem fühlte ich mich die ganze Zeit über gut und neugierig. Es hat mich nicht entmutigt, dass die Einnahmen so gering waren. Das wird schon noch, wenn die Menschen sich daran gewöhnt haben, dass da in Zukunft ein kleiner Kiosk ist.

Ich fühlte mich trotzdem kraftvoll und heiter. Beeindruckend, wie viel es ausmacht, wenn einem kein IMA mehr in alles hineinredet. Als ich Anfang des Monats einen Probelauf durchführte und auch schon einmal vier Stunden die Hütte geöffnet hatte, war das noch ganz anders. Da hat es mich richtig niedergeschmettert, dass die Einnahmen so klein waren. Ist ja auch verständlich, wenn dir immer so ein kleiner IMA einredet, du bist eine Loserin.

Ich bin, was ich bin. Der Unterschied ist, ob ich mich damit gut fühle oder nicht. Allerdings habe ich wesentlich bessere Chancen auf alles, wenn ich nicht geschwächt, verängstigt und voller Selbstkritik bin. Und das Feld, das ich ausstrahle, wenn es mir gut geht, das tut dann auch allen meinen Kunden gut. Wenn sie sich frühmorgens einen Kaffee holen, treten sie gleich ein in ein Feld voller Heiterkeit und Lebensfreude. Es wird sich ein ganz klein wenig auf sie auswirken, sie um ein winziges Jota verwandeln, etwas von der in ihnen wohnenden Lebensfreude und Heiterkeit freisetzen. Und damit handle ich tatsächlich zum Wohle aller Wesen.

Übungen

Kein Ziel, das du allein
in dieser Welt erreichen
kannst, ist es überhaupt
wert, erreicht zu
werden.
"13 Gesetze der
Weisheit - Leitfaden für
Schamanen und
Therapeuten"

Vielleicht hast du, nachdem du dies alles gelesen hat, ja Lust, ein wenig mit dir selbst und deinem IMA zu arbeiten. Ich habe hier eine kleine Reihe von Übungen für dich zusammengestellt. Die meisten davon stammen aus der Challenge, die wir vor dem Seminar gemacht haben.

Übung 1

Schaufele dir eine halbe Stunde Zeit frei, in der du dich ganz allein mit einer schönen Tasse Kaffee oder Tee hinsetzen kannst. Schau dir nun in guter Ruhe und ganz entspannt die folgenden Worte an und notiere dir deine spontanen Empfindungen und Assoziationen dazu:

Verantwortung

Pflicht

Kraft

Verweigerung

Mut

Konflikt

Allein

Schwächung

Ich

Unterstreiche das Wort, das am *meisten* in dir ausgelöst hat.

Beschäftige dich ein wenig jenem Wort der Liste, das am meisten *negative* Impulse in dir ausgelöst hat. Schau dir noch einmal an, was du dir zu diesem Wort notiert hast. Kehre in diese Empfindungen zurück und beginne sie zu träumen. Lasse ganz entspannt einen kleinen Tagtraum entstehen. Wenn es ein Albtraum wird, lasse dies zu. Finde auf diese Weise heraus, was für ein Eigenleben dieses Wort und der damit verbundene Inhalt in dir führt. Notiere den Tagtraum, so dass du später wieder auf ihn zurückgreifen kannst. Danach vergiss es für heute.

Übung 2

Kehre zurück zu dem Tagtraum. Nun geht es darum, ihn behutsam umzuträumen. Was müsste in den Traum hineinkommen, damit der Traum zu einer angenehmeren Erfahrung wird? Es muss aber etwas sein, das du selbst hinzufügen kannst, nichts das von einer anderen Person ausgeht. Finde dieses fehlende Element und träume den Tagtraum noch einmal. Was sagt der innere Moralapostel dazu?

Übung 3

Zu bestimmten wichtigen Schlüsselbegriffen gibt es also in uns innere Gegenkräfte. Die Worte scheinen in uns ein Eigenleben zu führen. Ein Teil von uns ist entwickelt, weise, erfahren und sieht Begriffe wie Pflicht, Verweigerung oder Konflikt durchaus in ihrer positiven Kraft. Aber ein anderer, tieferer Teil unseres Selbst heftet diesen Ausdrücken unangenehme Bedeutungen an, die sich in uns als geheime Gegenkräfte auswirken und unsere Lebenskraft und Lebensfreude herunter transformieren. Sie sind wie innere Schattenmonster.

In den alten japanischen Godzilla-Filmen gibt es immer zu jedem bösen Monster ein gutes Gegenmonster. Gegen Jigga kämpft Gamera, Godzilla bekämpft Gomorra usw. Darin liegt eine tiefe archetypische Weisheit. Wenn es in dir so ein dunkles Wesen gibt, dann gibt es in dir auch das Gegenmonster. Finde das gute Gegenmonster in dir, mit dem du gegen das andere antreten kannst. Konzentriere dich zehn Minuten auf diese Gegenenergie und beschäftige dich mit ihr. Frage dich dafür: Welche Kraft in mir ist die geeignete Gegenkraft? Fühle dich in diese Kraft hinein. Atme sie, stärke sie und werde dich ihrer immer deutlicher bewusst. Setze diese Gegenkraft bewusst gegen das innere Schattenmonster ein und beobachte, was dabei mit dir passiert.

Übung 4

Besorge oder bastle dir zwei kleine Monster. Eines, das alle negativen und unangenehmen Energien und Impulse in dir verkörpert und eines, das all jene Kräfte, Erfahrungen, Weisheiten, Qualitäten und Impulse in dir verkörpert, die zu dem guten Gegenmonster in dir gehören.

Nun brauchst du einen Platz, wo dich nicht jeder hören kann. Spiele mit den beiden Monstern in dir. Verkörpere abwechselnd beide Rollen, lasse beide sprechen, ihre Absichten und Willen verkünden. Mache dies ganz spielerisch, unernst und albern wie ein kleines Kind. So hat dein Unterbewusstsein die Chance, dir unauffällig Botschaften zu senden, die du bei zu großer Aufmerksamkeit versehentlich ausfiltern würdest. Wenn du dabei lachen oder kichern musst, nur zu. Lachen ist immer eine hohe Energie.

Übung 5

Jetzt geht es einmal nur um das gute, starke Monster in dir. Versetze dich in dieses Geschöpf hinein, werde selbst zu der guten Gegenkraft. Verkörpere sie. Bewege dich mit ihr in deinem Körper, am besten unter Menschen. Denke dabei: Ich bin die starke, große Kraft. Ich habe Superkräfte. Ich kann alles Böse besiegen. Finde dabei heraus, was du für diese Kraft in dir tun kannst. Was braucht sie, um sich zu nähren? Vielleicht kannst du das geben? Vielleicht will diese Kraft, dass du ein Steak isst oder einen Kraftausdruck gebrauchst, jemandem energisch Nein sagst oder dir etwas Schönes gönnst?

Übung 6

Neues Thema: Womit mache ich mir selber meine Kraft kaputt oder meinen Tag schlecht? Wenn du dir diese Frage stellst, werden dein innerer Moralapostel und der innere Kritiker sicher gleich etwas parat haben. Auch wenn wir genau wissen, dass der innere Moralapostel niemals Recht hat, lass uns dennoch einmal auf das schauen, was er sagt. Schreibe dir das richtig als Satz auf. So etwas wie: „Ich mache immer das und das falsch... Ich rege mich zu schnell auf...nehme mir zu wenig Zeit für mich" usw.

Wenn du mehr als eine Antwort hast, macht das auch nichts, achte nur darauf, dass du bei dir bleibst. Schreibe nicht so etwas wie: „Mein Mann macht immer und dann hab ich immer..." Hier geht es um dich. Nun nimm dir die Antworten einmal vor unter der Fragestellung: Welche Selbstverurteilung lässt sich darin erkennen? Welche Anspruchshaltung an mich selbst offenbare ich hier?Wenn du zum Beispiel geschrieben hast, du machst dir den Tag schlecht, indem du dir keine Zeit für dich nimmst, liegt darin die Anspruchshaltung, dass du dies tun solltest und du verurteilst dich dafür, dass es dir nicht gelingt.

Für heute soll es genügen, diese Selbstverurteilung einfach nur zur Kenntnis zu nehmen. Mache weiter an einem anderen Tag.

Übung 7

Weiter mit dem Thema Selbstverurteilung, denn das ist ein Kraftkiller Nummer 1.

Beobachte dich einmal einen ganzen Tag lang in Bezug auf Selbstverurteilung. Lausche einmal darauf, was du so über dich denkst. Jeder hat da so seine Lieblingsthemen. Ich zum Beispiel habe mich selbst sehr lange bei jeder Mahlzeit dafür verurteilt, was ich esse und wie viel ich esse. Ich bin nämlich nicht gerade schlank. Finde durch Selbstbeobachtung heraus, welches deine Hautthemen in Sachen Selbstverurteilung sind und wofür du dich alles verurteilst.

Übung 8

Du hast dich nun einen ganzen Tag lang bei deiner eigenen Selbstverurteilung beobachtet. Nun stelle dir bei einer schönen Tasse Kaffee die Frage: „Was genau macht diese Selbstverurteilung mit mir?" Schreibe dir deine Selbstverurteilungen gern auf. Lies dir die Sätze ein paar Male durch und spüre, was das mit dir macht. Welche Gefühle werden dadurch in dir ausgelöst? Was macht es mit deiner Kraft?

Übung 9

Nun betrachten wir unsere Selbstverurteilung einmal als Methode oder als Werkzeug, denn genau das ist sie ja. Die Selbstverurteilung ist ein psychologisches Werkzeug etwa so, wie ein Hammer oder eine Säge handwerkliches Werkzeug sind. Mit einem Hammer schlagen wir Nägel in die Wand. Mit einer Säge können wir Holz in die richtige Passform sägen. Die Selbstverurteilung ist unser Werkzeug, um uns in eine bestimmte Passform zu hämmern, zu biegen oder zu sägen.Nimm dir nun zehn Minuten Zeit, um das Phänomen Selbstverurteilung als eine Methode oder als ein Werkzeug zu betrachten, etwa wie ein außerirdischer Ethnologe sie sehen würde, der uns beobachtet. Gewöhne dich ein wenig an diese ungewohnte Sichtweise. Hier geht es jetzt nicht um die INHALTE, sondern die Form, die Methode. Schaffst du das?

Wenn es dir gelungen ist, stelle dir die folgenden Fragen:

- Wie gut ist die Methode der Selbstverurteilung eigentlich geeignet, um das gewünschte Ziel zu erreichen?

- Könnte es möglicherweise eine bessere Methode geben, um dahin zu gelangen, wo ich mich hinhaben will?

Übung 10

Es geht noch etwas weiter mit dem Thema Selbstverurteilung. Stelle dir die Frage: Wohin soll es denn gehen? Wohin wollen mein innerer Moralapostel und mein innerer Kritiker mich haben? Wie soll ich ihrer Ansicht nach sein und handeln? Schreibe dir das gern auch auf.

Anschließend betrachte einmal die Fragen: Wenn ich es schaffen könnte, wirklich so zu sein, wie gut wäre das für meine Entwicklung? Für die Entfaltung meiner Qualitäten? Für die Wahrheit?

Übung 11

Bezugnehmend auf die Übung Nummer 9, in der du dir angeschaut hast, wohin dein Moralapostel dich führen will, schau dir nun einmal das Gegenteil an. Was sind die Dinge, die du nicht tun sollst und wie sollst du nicht sein? Mache dir auch hier eine Liste.

Übung 12 Hast du dir ein Bild davon gemacht, was du nach Meinung des inneren Moralapostels NICHT tun sollst?

Dann lasse uns heute diese Bereiche genauer erforschen. Was könnte gut daran sein, dies alles einfach doch zu tun? Was könnte daran für dich selbst gut sein? Was könnte daran für andere gut sein, für die Welt? Für deine Entwicklung?

Beispiel: Wenn dein innerer Moralapostel dir sagt, du darfst außerhalb deiner Beziehung nicht über deinen Mann sprechen. Das Gegenteil davon wäre, mit deinen Freundinnen über deine Eheprobleme zu reden. (Ich gehe hier jetzt von wirklichen Gesprächen aus, nicht von gemeinsamen Gehetze und über ihn Hergeziehe) Die Frage war:

Was könnte daran gut sein für dich?

- Du erlöst dich von dem Druck, den deine Eheprobleme dir machen.

- Du erfährst neue Ideen, Sichtweisen und Standpunkte durch die anderen Personen.
- Du kannst dich verbündet fühlen, nicht mehr als Einzelkämpferin gegen die ganze Welt, Gemeinschaft fühlen.
- Du erlebst Unterstützung für deine Bedürfnisse.

Was könnte für andere gut daran sein?

- Deine Freundinnen fühlen sich gut, weil sie dir helfen und dich unterstützen können.
- Sie lernen evtl. neue Standpunkte durch dich kennen.
- Sie fühlen sich weniger allein mit ihren Sorgen.

Was könnte gut daran sein für die Welt?

- Die weibliche Kraft, die seit ewigen Zeiten unterdrückt wird, erlebt Stärkung und Unterstützung.
- Der Wille fühlt sich gestärkt
- In das morphogenetische Feld, deiner Stadt wird eingeprägt: Hier leben Freunde, die sich gegenseitig unterstützen und einander nicht allein lassen.

Und was könnte gut daran sein für deinen Mann?

- Er profitiert auch von den neuen Standpunkten und Sichtweisen, die du aus solchen Gesprächen mitbringst.

Betrachte deine Thematik auf die gleiche Weise.

Übung 13

Heute ist ein guter Tag für Kommunikation. Tausche dich mit einer anderen freundlichen Person über deine Ansichten zum Thema Selbstverurteilung aus und bitte um ihre Meinungen dazu. Du brauchst nicht alles über diese Übungen zu erzählen, wenn du nicht magst. Es geht nur um das Thema Selbstverurteilung.

Übung 14

Es wird Zeit, sich ein wenig vom inneren Moralapostel zu distanzieren. Wähle dir einen seiner Appelle aus und tu bewusst das Gegenteil davon. Wie fühlt sich das an? Was passiert dabei mit dir? Wenn dir das schwerfällt, musst du nicht unbedingt einen besonders großen und schweren Appell wählen, du kannst klein anfangen.

Übung 15

Hier soll es darum gehen, dir selbst auf die Spur zu kommen. Wenn du machst, was der IMA dir sagt, dann machst du ja nicht das, was DU willst. Wenn du machst, was deine Angst dir rät, machst du nicht, was du willst. Nimm dir heute wieder etwas Zeit und Muße und frage dich ganz entspannt: „Wenn mich weder Angst, noch der IMA noch Schuldgefühle leiten würden, was würde ich dann heute gern tun? Worauf hätte ich Lust, wenn ich von jenen Unterdrückern frei wäre?"

Übung 16

Folge den kleinen Impulsen. Erschaffe dir zeitliche Freiräume, entweder zwei Stunden oder auch einen ganzen Tag oder eine ganze Woche, je nachdem, was du dir ermöglichen kannst. Setze dich hin und lausche auf deinen inneren Impuls. Achte darauf, nicht den Fluchtmechanismen zu folgen, die dir zu irgendwelchem Zeitvertreib raten. Es geht nicht darum, die Zeit zu *vertreiben,* sondern sie intensiv zu erleben. Wenn du erste winzigkleine Willensimpulse fühlst, folge ihnen. Probiere aus, wohin dein wahrer Wille dich führt.

Über die Autorin

Kim Barkmann wurde 1957 in Hamburg geboren, wo sie später auch Germanistik, Erziehungswissenschaft und Philosophie studierte. Ihr Studium finanzierte sie selbst als Dozentin im Fachbereich Deutsch als Fremdsprache an der Hamburger Volkshochschule. Beide Staatsexamina absolvierte sie „mit Auszeichnung". Später folgten Reisen durch Europa und Nordamerika, insbesondere durch Minnesota, wo sie enge Freundschaften zu den Ojibway-Indianern knüpfte. Inspiriert durch die Erlebnisse auf ihren Reisen, absolvierte sie eine mehrjährige Ausbildung zur weisen Frau, Besprecherin und Schamanin. Im August 1996 verließ sie Hamburg, um im Wendland die erste Besprecherschule Deutschlands zu gründen. Seit 2000 lebte sie unter der Bezeichnung De Wise Fru (niederdeutsch für die weise Frau) in ihrem eigenen Seminarhaus in der Altmark, wo sie ihrer Tätigkeit als weise Frau nachging.

Ihre Begeisterung für inneres Wachstum und Persönlichkeitsentwicklung führten sie auf die Spur der Ur-Psychologie. Eine Wiederentdeckung uralter psychologischer Methoden, die 2014 in der Gründung des IWP, Institutes für Weisheit und Persönlichkeitswachstum mündete, wo Ur-Psychologie angewendet und auch ausgebildet wurde. 2016 beendete sie diese Arbeit, verkaufte ihr Seminarhaus und zog in den Hauptbahnhof von Salzwedel, wo sie im Frühjahr 2018 ein Kulturcafé mit dem Namen Café Anhalt eröffnen wird. Der Schwerpunkt der kulturellen Veranstaltungen wird auf Literatur und Musik liegen. Wie es dazu kam, durch welche erstaunlichen Fügungen sich dies ergeben hat, beschreibt sie in einem eigenen Buch, das 2018 erscheinen wird.

Und wer ist Kim wirklich?

Meine Freundin Kim ist eine heitere, offene, verspielte und unglaublich unterstützende Frau. Die meisten ihrer Qualitäten liegen im Bereich des sozialen Lebens. Sie gründet Gemeinschaften wie den Stamm der Weisen, beteiligt sich an Projekten wie dem Kunstfestival „Wagen und Winnen", moderiert Messen, um Freunden dadurch behilflich zu sein, stürzt sich immer wieder gern und mit Begeisterung unter die Menschen. Dabei tut sie oft Dinge, die die Menschen verblüffen. Ihr Auftritt in einem Sketch bei dem Lokal Loser Wettbewerb des Kulturvereins Raum 2 sorgte allenthalben für Verwunderung. Wie kann eine Frau, die sich so heiter über die Esoterik mokiert, denn ein spiritueller Mensch sein? Ihre Antwort lautet: „Nur wer fähig ist, über sich selbst zu lachen, kann sich als ernsthafte spirituelle Persönlichkeit betrachten."

Die drei Worte, die sie wohl am treffendsten beschreiben, sind: lebendig, kraftvoll und irdisch. Ihre Augen leuchten, wenn sie spricht.
Den Menschen gegenüber ist sie stets mütterlich, respektvoll, herzlich und freundlich, und sie wird nie eine Qualität ihres Gesprächspartners übersehen.
Sie liebt Tiere, und die Tiere erwidern diese Liebe. Vor einigen Jahren blieb ein Wolf, der seine Beute schon im Maul trug, am Wegesrand stehen, keine

zehn Schritte von ihr entfernt, um sie zu bestaunen. Einmal erlebte ich es, wie sie einen Schmetterling rettete, der sich verirrt hatte, indem sie ihn einfach aufforderte, auf ihren Finger zu fliegen. Der Schmetterling tat wie geheißen und ließ sich in die Natur zurückbringen. Sie ist eine Quelle der Weisheit und der Wahrheit, ohne jede Neigung damit anzugeben. Aber wer fragt, wird immer Antwort bekommen.

Sie verwandelte ihre Schüler in Freunde, denn sie hat nicht das Bedürfnis, über anderen zu stehen. Als reine, unschuldige Seele, die sie ist, gelingt es ihr finanziell kaum je, auf einen grünen Zweig zu kommen. Zu wenig ausgeprägt ist ihr Draht zum Geld, aber sie geht immer völlig entspannt mit Menschen um, die in ihr Haus kommen, um zu pfänden. Ich habe dies selbst miterlebt. Der Vollzugsbeamte kam, um zu pfänden und blieb, um zu helfen. Sie ist vielleicht der einzige Mensch, der sogar von seinen Gläubigern geliebt wird.

Der inhaltliche Erfolg ihrer Arbeit ist allerdings unbestritten. Sie hinterlässt machtvolle und segensreiche Spuren in der deutschen Spiritualität, in den Herzen der Menschen, die ihr begegnet sind und – dies vielleicht mehr als alles andere – im morphogenetischen Feld unseres Landes.

Jana Petersen

In diesem Buch geht es um das Thema Hoffnung. Hoffnung brauchen wir alle. Sie ist eine unserer größten Kraftquellen. Dennoch beginnen in dieser Zeit viele Menschen, ihre Hoffnung zu verlieren. Das hat seinen Grund. Es ist Zeit für einen Paradigmenwechsel. In diesem Buch beschreibt Kim Barkmann, wie unsere Verluste, Ängste und Nöte aus dem Blickwinkel ihrer Notwendigkeit für unser menschliches Wachstum plötzlich zu Schatztruhen werden. Das Leben kann sehr viel schöner sein und sehr viel leichter, wenn wir unsere Aufgabe als wachsende, sich entwickelnde Geschöpfe erkennen und annehmen.

ISBN: 978-3739235707

Lebende Glücksbringer sind Menschen, die ihre Wahrheit gefunden haben und sie leben. Wer sich so einem wahrhaftigen Menschen nähert, begibt sich in die Schwingung von Wahrheit. Dadurch wird auch die Wahrheit in ihm zum Schwingen gebracht und erzeugt Veränderungen in seinem Bewusstsein. So können wahrhaftige Menschen zu Glücksbringern werden.

In Briefen an ihre Freundin Steffi vermittelt Kim Barkmann sieben Einsichten, die als Schlüssel fungieren, um die Türen zur Wahrheit zu öffnen. Hinter jeder Tür beginnt freilich ein Weg, der gegangen sein will. Wem es gelungen ist, diese Einsichten in sein Leben und sein Selbst zu integrieren, der kann sich auf den Weg machen, um ein Glücksbringer für sich, für andere und in dieser Welt zu werden.

ISBN: 978-3732256792

Angst ist in Wahrheit Kraft.
Die Kraft hat eine Absicht.
Wir können unsere Angst in Kraft umwandeln, indem wir
sie in uns aufnehmen.
Das sind die drei Schlüssel gegen die Angst, wie sie in
diesem Buch dargestellt werden.

ISBN: 978-3848201068

Die Gesetze der Weisheit sind die Naturgesetze menschlichen Handelns. So wie andere Naturgesetze auch, verraten sie uns, in welche Richtung die Kraft fließt. Viele Menschen kämpfen unbewusst gegen die sozialen Naturgesetze an und ihr Misserfolg macht sie traurig und verbittert. Wir können die Naturgesetze aber auch nutzen. Wenn wir eine Tasse auf einem Tisch abstellen, nutzen wir das Gravitationsgesetz. Solange keine zusätzliche Kraft die Tasse anstößt oder aufhebt, wird sie dort auf dem Tisch in Position bleiben und auf uns warten. Genau so kann jeder von uns auch durch klares Verstehen der sozialen Naturgesetze das Segelschiff seines Lebens in den Wind der Kraft legen und sich von ihr unterstützen und voran bewegen lassen. Es hat zu allen Zeiten Menschen gegeben, die diese Geheimnisse kannten und sie zu nutzen wussten. Mit diesem Büchlein übergebe ich das Wissen nun auch an dich.

ISBN: 978-3739238180

Ein schamanisches Märchen, nicht nur für Kinder
Lustig, spannend und voller Lebensweisheit wird die
Geschichte erzählt, wie die Heilerin im Wald ihren
Nachfolger unter den sieben Kindern einer klugen Mutter
auswählt.

ISBN: 978-3842327344

Im vorliegenden Buch schreibt Kim Barkmann über die Liebe aus der Sicht der weisen Frau. Welche Funktion hat die Liebe für uns Menschen? Wie geht man mit ihr um? Was können wir tun, um Liebende zu werden? Diese und viele andere Fragen werden hier beantwortet. Es geht um einen nicht alltäglichen Blickwinkel, der vieles erklärt und erhellt.

ISBN: 978-3848256280